AF408300

Ventus Press
Ali Ribelli Edizioni Group
www.aliribelli.com
redazione@aliribelli.com
Gaeta, Italy

Ventus Press, operating under the Ali Ribelli Edizioni group (Rebel Wings Publishing), is distributed worldwide through IngramSpark.

Hollis E. Forbus

Un estadounidense en Gaeta

Ventus

Nota del Editor

En 1967, Francia, bajo el liderazgo de De Gaulle, tomó la decisión de abandonar la OTAN. Una de las consecuencias más significativas de esta elección fue la transferencia del buque insignia de la VI Flota, el USS Little Rock CLG 4 / CG 4[1], a Gaeta.

La llegada de los estadounidenses inauguró una nueva era para la ciudad, influyendo (y aumentando) en parte el futuro económico y social tanto de Gaeta como del territorio circundante durante las siguientes tres décadas. Sin embargo, esta convivencia estrecha entre las dos comunidades, la local y la estadounidense, no estuvo exenta de desafíos. Por un lado, el bienestar aportado por el dólar y del que se beneficiaron los propietarios de inmuebles y actividades económicas de todo tipo, desde el club nocturno hasta la sastrería del barrio; Y, por otro, la llegada de la pequeña delincuencia vinculada al mundo de las drogas y de la prostitución. Sin contar las publicaciones oficiales difundidas por la Marina Americana y el Ayuntamiento de Gaeta y la excelente *SHORE PATROL, Historia y*

---

[1] El USS Little Rock (CL-92 / CLG-4 / CG-4) es uno de los 27 cruceros ligeros de la clase Cleveland de la Marina de los Estados Unidos completados durante o poco después de la Segunda Guerra Mundial, así como uno de los seis convertidos en crucero de misiles guiado. El Little Rock fue el primer barco de la marina estadounidense en rendir homenaje a la ciudad homónima en Arkansas. Fuera de servicio desde 1976, actualmente sirve como buque museo en el parque naval y militar de Buffalo, en el condado de Erie (Estado de Nueva York)

crónica de los estadounidenses en Gaeta y Pontino del Sur (1966-1988) de Aldo Lisetti y Lidia Scuderi, esta última auténtica enciclopedia sobre la presencia militar americana en el Golfo, advertía la falta de un libro que ofreciera el punto de vista del extranjero; Este punto de vista no debía pasar por el tamiz de ninguna propaganda ni resultar contaminado por el globalismo uniforme de nuestros tiempos.

Como *navy brat*[2] hijo de un ex militar estadounidense y una mujer local, no me costó mucho encontrar la inspiración. Crecí entre dos culturas y modos de vida, escuchando con avidez las historias que mi padre contaba a su regreso, Casualmente, hablando de este y otro tema. *Un estadounidense en Gaeta* es por lo tanto la historia de mi padre contada en primera persona y el resultado de entrevistas seguidas de almuerzos dominicales. Es la autobiografía de un individuo y de su camino humano y profesional, pero también es el retrato de la Gaeta de aquellos años: la movida, la vida nocturna, los matrimonios mixtos, las tensiones sociales y los artefactos supervivientes en el tejido urbano de la ciudad.

De vez en cuando, se habla en Gaeta sobre la posible vuelta de los estadounidenses a la ciudad. Sin embargo, es importante tener en cuenta que nunca se fueron del todo: el buque insignia de la VI Flota sigue siendo parte del horizonte entre los monumentos de la Gaeta Antigua. Es una presencia tangible pero silenciosa; el ojo del ciudadano local está tan acostumbrado que pasa inmediatamente por alto con la mirada.El regreso al que se refiere, se refiere a la llegada de nuevas familias americanas y a la represión que esto implicaría en términos de empleo y vivienda. Siempre según algunos, un eventual retorno de los americanos estaría circunscrito a la Gaeta antigua, donde se inauguraría una nueva base, una nueva escuela,

---

[2] El término inglés *brat* significa monello, discolo. Asociado con *Navy* o *Military*, el término pierde su connotación negativa. Según la National Defense University Libraries, el uso de *brat* a indicar los hijos de los militares desplazados en el extranjero podría derivarse de *British Regiment Attached Traveler* – viajero adjunto al regimiento británico – superviviente en forma de acrónimo en la América poscolonial.

etcétera. Sería entonces un retorno al papel de ciudad fortaleza que el barrio medieval ha desempeñado durante largos siglos Tanto si la noticia tiene fundamento como si no, considero que la experiencia del siglo XX terminó. La diferencia entre las dos sociedades ya no es tan marcada. De Tokio a París, internet y la aldea global son ahora parte de nuestro día a día.

Y luego me pregunto: la Gaeta proyectada a la desestacionalización, la Gaeta de los grandes barcos y de los Bed & Breakfast está realmente lista para acoger a centenares de americanos y si así fuera, ¿qué efecto tendría sobre los costes de las casas? Asistimos al éxito en el ámbito turístico de la ciudad, pero tomamos nota de la constante disminución de la población residente: jóvenes alejados de una burbuja, pero que a pesar de la crisis del sector inmobiliario, Gaeta ha resistido mejor que sus vecinos.

Balances y juicios los dejamos a la posteridad y a ti, querido lector. Estés donde estés, ya sea en algún lugar de Kentucky o en Gaeta, espero que encuentres fascinante la historia aquí narrada, apreciando las particularidades y atractivos de una época única e irrepetible.

Jason R. Forbus

SIXTH FLEET FLAGSHIPS
HOMEPORTED IN GAETA, ITALY

USS LITTLE ROCK (CLG-4) 1/67-8/70, 9/73-8/76
USS SPRINGFIELD (CLG-7) 8/70-9/73
USS ALBANY (CG-10) 8/76-5/80
USS PUGET SOUND (AD-38) 5/80-9/85
USS CORONADO (AGF-11) 9/85-7/86
USS BELKNAP (CG-26) 7/86-11/94
USS LA SALLE (AGF-3) 11/94 - Present

USS LITTLE ROCK (CLG-4)

USS SPRINGFIELD (CLG-7)

USS ALBANY (CG-10)

USS PUGET SOUND (AD-38)

USS CORONADO (AGF-11)

USS BELKNAP (CG-26)

USS LA SALLE (AGF-3)

A mis nietecitos

I – Boot Camp

En 1978 tenía veinte años y trabajaba en una empresa de construcción como peón. Un trabajo agotador y con pocas perspectivas de crecimiento profesional. Posibilidades económicas para ir a la universidad, por desgracia, no había: las matrículas universitarias en Estados Unidos son muy caras, para estudiar se solicitan auténticas hipotecas y si no se tiene la motivación correcta, se corre el riesgo de partir ya con un pie en la fosa. Así que, al igual que muchos jóvenes estadounidenses de hoy y de siempre, llegué a la conclusión de que al alistarme en las fuerzas armadas aprendería un oficio y al mismo tiempo viajaría por el mundo. No es que me muriera por afeitarme el pelo y gritar «¡Señor, señor mío!»… Yo era peludo, dibujaba cómics, escuchaba Led Zeppelin y vivía en Key West, una isla caribeña que Hemingway hizo famosa en El viejo y el mar. Pero un hombre tiene que hacer lo que tiene que hacer. Una mañana, me presenté en el Centro de Reclutamiento de Key West con la idea de alistarme en el Ejército de los Estados Unidos, el ejército de los Estados Unidos, porque en ese momento había una posibilidad real de obtener el titulo de conductor de tanque y ganar mucho dinero. A mi llegada, el reclutador del ejército no estaba en el despacho. Había colgado un cartel en la puerta: "Vuelvo en diez minutos". Me senté en la sala de espera donde pasé el tiempo hojeando algunas revistas militares, en realidad con escaso interés. Pasaron 30 minutos, pero no había ni rastro del Reclutador. Decidí volver otro día y cuando estaba a punto de irme el reclutador de la Marina de los Estados Unidos se asomó desde su despacho.

«¿Esperas a alguien, hijo?»

«Al reclutador del ejército.»

«Mientras esperas, ¿por qué no entras y tomas una taza de Café?»

A la invitación de una taza de café nunca se dice que no. El reclutador de la marina demostró ser muy amable y, mientras disfrutábamos de una taza de café humeante, comenzó a mostrarme varias diapositivas de portaaviones, submarinos, buques militares de diverso tonelaje y potencia de fuego que navegaron por paisajes impresionantes, desde el Ártico hasta el Pacífico, pasando por el Mediterráneo. Me quedé atónito.

«Al unirte a la marina, podrías convertirte en un Air Traffic Controller.[1] Es una tarea de gran responsabilidad que puede llevarte a diferentes profesiones en el ámbito civil.»

La perspectiva de llevar a un aterrizaje seguro jets y helicópteros me tentaba mucho. Navegaría por los mares del mundo en los portaaviones tecnológicamente más avanzados del mundo, auténticas ciudades flotantes, aprendiendo lenguas extranjeras y entrando en contacto con culturas distintas a la mía. En momentos como esos no piensas en las crueldades de la guerra, la disciplina y todo lo demás; eres joven, buscas un camino, y alguien llega y pone el mundo en tus manos. ¿Cómo negarse?.

El reclutador cerró el trato haciendo bromas pesadas a costa del ejército. La esencia del discurso fue que la tortuga en la tierra le cuesta caminar, pero en el mar despliega sus alas.

Pronto me llamaron a la Station[2] Military Entrance Processing (MEPS) de Miami, donde fui sometido a una serie de exámenes médicos y psico-aptitudes para certificar mi idoneidad. Superados estos, juré efectivamente servir a la Marina de los Estados Unidos.

---

[1] Controlador de tráfico aéreo.

[2] Se podría traducir como Centro de Llegadas y Clasificación Militar.

Pasé la Navidad del 78 en casa. Comí y bebí cada vaso con gusto. Escuché cada canción como si fuera la última. Me sentía condenado a muerte, pero no en un sentido negativo: estaba a punto de dejar atrás mi viejo yo para embarcarme en una nueva vida, con todas las incertidumbres, miedos y esperanzas que ello conlleva.

Volví a Miami en enero de 1979, donde junto con otros reclutas tomé el tren a Orlando. A nuestra llegada nos esperaban los autobuses grises de la marina: Destino Boot Camp[3]. Si todo hubiera ido bien, me habría quedado al menos trece semanas. Tenía lo esencial conmigo: una bolsa con un cambio y veinte dólares. Llegamos en mitad de la noche. Al salir del autobús nos dijeron que pronto nos registrarían y que si no queríamos pasar la noche en prisión, haríamos bien en usar la caja de Amnistía. Era una caja donde, de forma totalmente anónima, los nuevos reclutas podían abandonar las drogas y los objetos no permitidos o el contrabando. No tenía nada más que calzoncillos y calcetines, así que cuando llegó mi turno, me limité a mirar dentro de la caja donde había porros, puñales y pastillas. Luego, como eran los años 70, fuimos de pies a cabeza por armas y estupefacientes. No todos saben que en ese momento, si eras un *first-time-offender*[4] y habías cometido delitos menores como robo o tráfico de drogas, el tío Sam te ofrecía una opción: cumplir condena en la cárcel o alistarte en las fuerzas armadas[5].

En la *training unit*[6] (Unidad de entrenamiento) que se me asignó, la famosa (o infame) 077, casi la mitad de los reclutas delincuentes sin antecedentes. Después del registro, nos llevaron al dormitorio, un gran dormitorio con literas ya asignadas y dispuestos a lo largo de los lados.

---

[3] Oficialmente llamado Entrenamiento de Reclutamiento.

[4] Delincuentes sin antecedentes penales.

[5] Solo la Fuerza Aérea y la Guardia Costera no aceptaban reclutas sin título y con antecedentes penales.

[6] Unidad de entrenamiento.

Unas horas más tarde, a las cinco en punto, sonó el despertador. Después de un rico desayuno de tocino y huevos revueltos pasamos al RIF[7] donde nos requisaron la ropa de civil y nos entregaron uniformes sin cinturón y cordones para los zapatos. El temor era que alguien quisiera ahorcarse. Aquella mañana me despedí para siempre de mi larga y densa cabellera hippie. Con la cabeza recién afeitada y fresca me entregaron la ditty bag[8] que contenía jabón, espuma de afeitar, maquinilla de afeitar, cepillo de dientes y pasta de dientes, en definitiva, todo lo necesario para estar presentable. El limbo del RIF duró unos días más de lo normal, ocho diez días en total, porque nuestra unidad de entrenamiento estaba luchando por alcanzar el número mínimo de reclutas. Esos días pasaron de manera bastante monótona: barriendo avenidas, pintando paredes y haciendo otros trabajos de albañilería, todo obviamente sin cinturón y cordones para los zapatos, así que si con una mano sostenías la escoba con la otra te agarrabas el pantalón. Luego, una mañana, nos despertó un fuerte sonido metálico: abrí los ojos justo a tiempo para ver una cesta de basura, de esas cilíndricas de metal, rodar sobre mi litera y por todo el pasillo.

«¡Despierta, despierta!»

Eran las 4:30 de la mañana. Supe de inmediato que el verdadero Boot Camp comenzaba esa misma mañana. Teníamos diez minutos para hacer la cama e ir al baño, ducharnos y afeitarnos[9], no poder hacerlo significaba saltarse al menos una comida y hacer ejercicios adicionales.

Después del aseo y la incursión en el baño, todavía dormido corriendo atravieso un circuito de obstáculos con los gritos de

---

[7] *REF: Recruits in filing*, Reclutamiento en registro.

[8] "Bolsa sucia", una especie de beauty-case con el que se proporcionan los marineros de la Marina.

[9] Cagar, ducharse y afeitarse.

incitación del Company Commander[10] golpeándote en los oídos: «Hurry up, bunch of pussies!».[11] (Deprisa panda de débiles)

Más allá de esto, el momento fatídico: el Company Commander de cada *training unit* elegía a un corredor, que tenía que competir con los demás hasta llegar a la cafetería. La regla era simple: quien llegaba primero comía primero, en el orden de llegada. De hecho, el tiempo asignado para las comidas era el mismo para todos. Maldita sea, la 077 debía ser la unidad más lenta de todo el maldito campamento. En 13 semanas me habré sentado a comer una o dos veces. El tiempo de tener la comida en la bandeja que nos vimos obligados a comer de pie y corriendo a la cocina para poner lo que no habíamos podido comer en cinco minutos.

Con las banderas de la Unidad 077.

---

[10] Comandante en jefe: cada unidad de entrenamiento se asigna con dos oficiales instructores.

[11] «¡Muévete, montón de putas!».

Solo con el Boot Camp terminado me di cuenta de que la elección de corredores lentos no dependía del azar, sino de la voluntad precisa de doblegar el espíritu rebelde de nuestra unidad en la que destacaban delincuentes y descartes de otras training unit.

Como en la escuela, donde algunas manzanas podridas pueden arrastrar a toda la clase , también en nuestra unidad se había creado una atmósfera muy turbulenta para los rígidos cánones del Boot Camp, hasta el punto de que pocos días después de comenzar el entrenamiento nuestro Company Commander sufrió una crisis nerviosa. Ese día, cada uno de nosotros tenía asignada alguna tarea de albañilería en el dormitorio, pero muchos seguían fallando por error o a propósito, riendo y haciéndose los capullos. Pequeños errores pero que juntos formaban una montaña de chorradas. El Jefe no paraba de gritarle a este y al otro recluta, corriendo de un punto a otro de su dormitorio como si tuviera al diablo en el cuerpo y con la cara enrojecida. De repente, sus improperios se hicieron inconexos y empezó a murmurar cosas sin sentido. Lo vi correr a su habitación y cerrarse la puerta. Un extraño silencio se hizo eco en el dormitorio: ¿qué había sucedido? Algunos de nosotros nos acercamos a la habitación y, con cuidado, miramos a través de la puerta de la ventana: el Jefe se sostenía la cabeza entre las manos, sacudiéndola a derecha e izquierda.

Esa fue la última vez que lo vimos. A la mañana siguiente nos despertó su subordinado, Torpedoman Mate 1st Class[12] Passman, un concentrado de mezquindad e insultos de un metro y sesenta de altura. Passman mostraba su mejor sonrisa, la de las grandes ocasiones: «Después del incidente de ayer, los superiores decidieron asignar a la 077 un nuevo instructor jefe: ¡atento al Comandante Goburt!»

El motivo de su sonrisa nos resultó inmediatamente evidente: con paso firme, sin mirar a la cara ninguno de nosotros y con aire

---

[12] Asistente de torpedero. Este rango de la Armada de los Estados Unidos fue desactivado en 2007, llegando a los *Gunner's mate* para los torpederos de tierra y *Machinist's mate* (no nuclear) para los asignados a los submarinos. 1st class, en cambio, indica el grado más alto en una categoría dada.

de clara y consciente superioridad, hizo su entrada en el dormitorio un armario de hombre. Passman llamó enseguida la atención, endureciéndose como un maniquí. Goburt tampoco pareció prestarle atención. Se colocó en el centro exacto de nuestra formación y, lentamente, pasó revista a toda la unidad con mirada firme e implacable. Él y Passman estaban en uniforme, nosotros en pantalones y camiseta. También esto, creo, servía para intimidar e imponer respeto.

«Habéis vuelto loco a mi antecesor», dijo con solo mirarnos. Rogué a Dios no explotar de la risa y que a nadie se le ocurriera hacerlo. «Pero conmigo no lo lograréis. A mí no me importa una mierda ganar galardones o medallas. Con ellas me limpio el culo. Estoy aquí para convertiros en marineros. De aquí saldréis con pelotas de acero, o sin pelotas.»

"No os preocupéis, amigos, Passman tiene las ambulancias listas en la acera".

Aquel simple discurso de bienvenida nos bastó para entender que la música había cambiado, y para peor. Corrimos al baño a hacer nuestras necesidades y afeitarnos. Diez minutos escasos para tomar el desayuno y salir a hacer ejercicios: flexiones, correr, abdominales… la mañana se pasaba trabajando como un esclavo. Después de quince minutos de descanso para el almuerzo y para ir al baño, por la tarde en el aula para estudiar los elementos básicos de la vida militar: rango, terminología, disciplina.

Durante la quinta o sexta semana de Boot Camp, nos pusieron a hacer trabajos manuales. Me tocó pelar patatas: Cientos, miles de patatas. Pero el trabajo más ingrato fue cargar el camión de un criador de cerdos con barriles llenos de semen. Nunca olvidaré el olor nauseabundo de esa cosa.

La rutina del Boot Camp era interrumpida, de vez en cuando, por entrenamientos específicos. En el campo de tiro nos enseñaron a disparar a blancos estacionarios y en movimiento con la Colt 45 y el rifle M14. Disparar era divertido y siempre duraba poco tiempo. Lo que parecía durar una eternidad era la visita a la cámara de gas. Entrabas con la máscara y, tan pronto como el gas lacrimógeno empezaba a llenar la habitación, te ordenaban que la quitaras. Antes de empezar nos vimos obligados a afeitarnos, para que el gas en contacto con la piel resultara aún más irritante. Putos gilipollas. El juego terminaba cuando todos comenzábamos a toser y estábamos a punto de sofocarnos.

Pero por encima de todo, estábamos en el Boot Camp para convertirnos en marineros de la Marina. El Sea-Survival Training, el curso diseñado para enseñar a cada recluta los fundamentos de la supervivencia en el mar, ocupó una parte considerable del nuestro entrenamiento. Entre los ejercicios recuerdo uno en particular en el que teníamos que saltar a la piscina desde una torre de media proa. La idea era enseñarnos la posición a mantener en caso de que abandonemos la nave. Una vez en el agua, teníamos que quitarnos los pantalones rápidamente, atar los dos extremos de las piernas y cerrar la cremallera, luego llenar el pantalón así cerrado con agua, convirtiéndolo en una especie de inflable de emergencia. La primera vez salté sin esperar el silbido del instructor. Cuando apenas había salido salí me golpearon en la cabeza. Además de la humillación de mantener la cara contra la pared durante unos minutos, me vi obligado a saltar por segunda vez y completar el ejercicio. Otro ejercicio se llevó a cabo a bordo de un barco de réplica, el USS Blue Jacket, donde se nos enseñaron varias técnicas para contener y sofocar incendios y, en general, para mantener el barco a flote.

Tercera imagen: USS Blue Jacket, Orlando, Florida en
U.S. Navy All Hands magazine, Mayo 1976, p. 7

La falta de sueño, los ejercicios físicos continuos y la poca comida que de por sí se comía a toda velocidad, a la larga, tenían repercusión tanto a nivel físico como psicológico. Recuerdo una vez que estábamos en formación cuando un recluta, un negro del tamaño de un frigorífico que nunca hablaba con nadie, a la orden de «pecho hacia afuera, barriga adentro»,de repente se volvió loco y empezó a golpear a cualquiera que tuviera la mala suerte de coincidir a golpe de tiro, incluyendo a Passman. Un momento después, otros sargentos e instructores se dieron cuenta y acudieron y a golpes hicieron que perdiera el conocimiento aquel pobre hombre.No lo vimos más.

Los instructores no perdían ocasión para someternos a desgarros y trampas psicológicas. Por la noche, en el silencio y la oscuridad del dormitorio, a menudo escuchaba a algunos reclutas abandonarse a un llanto sumiso. Un día, el Company Commander se la tomó con un chico de pueblo. Lo llamó por su apellido, en voz alta, y le dijo delante de todos: «¿Sabes que me acosté con tu madre anoche?». El chico balbuceaba que era imposible, la madre vivía a 500 millas de donde estábamos. A esta respuesta en el rostro del comandante se dibujó una sonrisa burlona: «Y dime, cuando estabas en casa, ¿nunca escuchaste el sonido de un maldito avión?». El pobre hombre estalló en lagrimas. Todo esto lo hacían para probar nuestro estado mental, así como físico, y descartar a cualquiera que mostrara signos de debilidad.

En otra ocasión estábamos en formación y en las instrucciones estaba tan agotado que me dormí literalmente de pie, despertándome solo cuando oí gritar por el megáfono: «¿Qué está haciendo ese marinero?». No hace falta decir que ese minuto de descanso me costó tres millas más de carreras. El Grinder[13] era una verdadera pesadilla. Al principio del boot camp se había distribuido a cada recluta un cuaderno para anotar las lecciones impartidas en clase. Teníamos que llevarlo siempre detrás, con cuidado y guardado en el bolsillo trasero derecho de los pantalones. Una vez en el Grinder, nos quitábamos el sombrero para guardar el bolígrafo y el cuaderno en su interior, cada uno con la misma idéntica posición. Mientras corríamos en el Grinder con nuestras botas de punta de hierro, el comandante de la compañía revisaba minuciosamente los cuadernos. Cualquier error, real o inventado, producía notas de demérito que se resolvían en forma de ejercicios adicionales en el Grinder. ¡Parecía que estabas constantemente huyendo de las notas! A menudo algún recluta se desmayó durante el ejercicio, ya sea por falta de sueño o una comida inadecuada.

Los instructores inmediatamente llamaron a una ambulancia para recoger al malogrado. Cuando nos castigaban por algo, se comentaba entre nosotros: «Passman está haciendo poniendo a las

---

[13] El Grinder (it. Macina) es una amplia explanada asfaltada o de hormigón utilizada para ceremonias y ejercicios.

ambulancias en fila», y venga con sesiones infinitas de flexiones y carreras allí. También llegó el día en que realmente pensé que no podía hacerlo.

Estábamos cerca del final del Boot Camp y de la tan ansiada ceremonia de salida, cuando tuve una mala gripe. A mitad de una carrera, con fiebre alta, me desplomé en el suelo inconsciente. Me arrastraron al dormitorio tembloroso por el frío y empapado de sudor. Esa noche Goburt vino a visitarme. No tenía té ni galletas, pero sí su expresión fría y despiadada de autómata: «Será mejor que completes la carrera mañana o tendrás que empezar el Boot Camp de cero».

Ya había visto lo que le ocurría a la gente que repetía: ¿recordáis a aquel negro tan grande como un frigorífico que de bueno y guapo se había vuelto loco? a Él le habían echado para atrás en una ocasión y obligado a empezar con nuestra unidad. Estaba dispuesto a todo para no sufrir una suerte similar y al día siguiente, "sick as a dog", (enfermo como un perro)[14] recorrí todo el recorrido con mis piernas. Estaba tan asustado que me acerqué al instructor, quién me persiguió para darme una patada en el trasero y advertirme de que no debía pasar. Al diablo, lo había conseguido.

En este punto, solo quedaba practicar el desfile para el día de la ceremonia, un camino de rosas en comparación con las semanas anteriores. Cuando finalmente llegó el gran día, me sentí un poco mal al ver que mi familia estaba entre las pocas que no habían podido asistir: había esperado hasta el final. Afortunadamente, inmediatamente después de la ceremonia se nos concedió la salida libre hasta la medianoche, lo que en la jerga militar de la época llamábamos la salida de Cenicienta. Yo aproveché para pasar el día en Disney World en compañía de algunos marineros que conocí durante la ceremonia, y por la noche en el Enlistment Club, un bar reservado a los nuevos reclutas donde pasaron los primeros momentos de verdadera despreocupación durante aquellos meses difíciles.

---

[14] Estaba muy enfermo.

En libre salida, por fin.

El Boot Camp entraba ahora en la fase final, donde cada recluta recibiría noticias e instrucciones sobre el futuro que le esperaba. Una mañana, después del desayuno, Passman nos ordenó formar. Llevaba consigo un fajo lleno de cartas. Cuaderno en la mano, Goburt se acercaba ahora a esta hora al otro recluta informándole de la escuela militar que le esperaba y, en cierto modo, de su futura profesión. Cuando llegó mi turno, después de consultar el cuaderno, Goburt me miró a los ojos y dijo: «Tengo una buena y una mala noticia, hijo». Con mi primer instinto le pregunté si había le sucedido algo a mi familia. «La familia está bien. La mala noticia es que no vas a ir a la escuela de control de tráfico aéreo. El capullo de tu reclutador se olvidó de inscribirte en una de las escuelas.» Fue un verdadero golpe en el corazón.

Durante meses, le dije a la gente que me convertiría en un controlador de tráfico aéreo, estaba tan convencido de ello que por la noche, antes de dormirme me imaginaba en la pista de un portaaviones pilotando aviones con seguridad. Lo que es aún peor, al no estar inscrito en ninguna escuela corría el grave riesgo de acabar en el caldero de los reclutas que esperaban. Todo ese esfuerzo desperdiciado, ¿y para qué? ¿Una brillante carrera como Deck Ape?[15] No ser enviado a ninguna escuela corría el riesgo de convertirme en un jornalero de cubierta, sin ninguna perspectiva de carrera. «La buena noticia es que los Rankings[16] te han encontrado un lugar en la escuela de los pega sellos: serás el más odiado de esos hijos de puta», por lo tanto, dirigiéndose a los otros reclutas, «Forbus leerá las cartas de sus novias antes que ustedes, mostrará los Playboys en los que se masturban antes que ustedes.» Cuando Goburt pasó al siguiente recluta, Passman me extendió una carta con su sonrisa de cabrón. La abrí temblando: lo que me esperaba era la Escuela Postal Fort Benjamin Harrison de Indianápolis, Indiana.

[15] En la jerga de la Marina de los Estados Unidos, los *Unrated Seaman Recruits* se llaman "Monos de cubierta".

[16] Los Clasificadores tienen la tarea de asignar los reclutas a las escuelas bodicadas por los reclutadores o, en su ausencia, a una dirección profesional relacionada con las características del recluta. En el pasado, esta asignación era en su mayoría aleatoria, pero ahora se confía a un algoritmo a través del análisis de los datos proporcionados los instructores y los propios reclutas.

II – En la escuela de pega sellos

La experiencia agridulce del Boot Camp había terminado. Me dejaron cuatro días libres para volver a casa y pasar tiempo con mi familia y amigos. Las trece semanas de entrenamiento me habían cambiado: había perdido peso y, en general, había adquirido un sentido de la disciplina y una conciencia que no tenía antes. Todo, incluso el ambiente doméstico, tenía un aspecto diferente de como lo recordaba.

De regreso a casa, Isla de Key West

Ni siquiera tuve tiempo de disfrutar del sol de mi isla, y ya me tenía que ir, esta vez a un destino más remoto: desde Key West cogí un pequeño avión con destino a Miami, donde me embarqué en un vuelo a Indianápolis, Indiana. Era la primera vez que pisaba el Midwest[1]. Nací y me crié en el Caribe, donde en Navidad se va en pantalones cortos y chanclas, el primer impacto a la llegada fue traumático: aunque era marzo, en Indianápolis todavía hacía mucho frío y yo, bastaba decirlo no tenía ropa de abrigo. Mientras esperaba el autobús que me llevaría a la A-School,[2] azotado por un viento para nada primaveral, temblaba como un cachorro. Para mantenerme caliente caminaba de un lado a otro sin parar, si hubiera sido un dibujo animado habría dejado un surco en el suelo.

Para animar la fría espera, había dos *marines*[3] a poca distancia en el muelle, y me observaban mientras se reían tras el bigote. En mis tiempos, los marineros y los marines no se llevaban muy bien, será porque los primeros desempeñan un papel principalmente operativo mientras que los segundos están entrenados para acciones de combate. Los dos trataron de buscar lío burlándose y llamándome Squid,[4] apelativo poco halagador con el que se suele burlar de los marineros. Estaba nervioso por el viaje, el frío, la espera: los respondí mal y los dos, venidos arriba por la superioridad en número, pasaron a la segunda fase de su plan como matones. Se acercaron amenazadores hacia mí e inmediatamente continuó una lucha de empujones y de gestos de idiotas. Entonces uno de ellos me preguntó a dónde iba, y cuando respondí Fort Benjamin Harrison respondió que ellos también se dirigían allí. El destino común aplacó inmediatamente los ánimos y en esa hora de espera entablamos amistad.

---

[1] Región situada justo al este de los Estados Unidos de América. Incluye los estados de Illinois, Indiana, Iowa, Michigan, Minnesota, Missouri, Ohio, Wisconsin, a los que se agregan cuatro estados adicionales como asociados geográficamente con el Midwest, y que son Dakota del Norte, Dakota del Sur, Kansas y Nebraska.

[2] Escuela militar.

[3] Infantería de marina anfibia de los Estados Unidos.

[4] Calamar.

Fort Benjamin Harrison era una escuela militar del Ejército de los Estados Unidos. Si entre marineros y marines hay algún tipo de rivalidad, entre marina y ejército no hay buena sangre… A nuestra llegada, nos asignaron a la Compañía Alpha y nos instalaron en el dormitorio. Tan pronto como tuve un minuto libre, compré un chaleco en el economato, una compra que me dejó prácticamente sin dinero. El salario era de setenta miseros dólares cada dos semanas, una cifra muy pequeña también para la época. La primera noche y los días siguientes me tocó el interruptor (*light-switch duty*)[5] Básicamente tenía que estar de guardia al lado del interruptor de la luz por un período de cuatro horas, de diez de la tarde a dos de la mañana o de dos a seis de la mañana, para asegurarme de que los chicos que habían salido de recreo y volvían de regreso borrachos no encendieran la luz en el intento, a menudo ruidoso, de encontrar su cama.

Por las mañanas las clases comenzaban a las ocho para después continuar, con breves intervalos, hasta las cinco de la tarde. Las materias se referían, más o menos, a las bases del trabajo postal. Antes de poner un pie en Fort Benjamin, no tenía ni idea de lo que significaba ser cartero. Mi padre había servido en la marina, mi abuelo paterno era sheriff; la familia de mi madre había estado en el caribe desde finales del siglo XVII y, estaba ligada al mar desde hacía generaciones. Por eso temía encontrar el trabajo postal más aburrido. Y en cambio con el paso de los días creció en mí un entusiasmo por esa profesión que me fue asignada por casualidad. Había una infinidad de cosas que aprender, reglamentos, procedimientos… la idea de que mi trabajo permitiera a la gente intercambiar material e información de un lado al otro del mundo me llenaba de satisfacción.

Mentiría si dijera que esas tres semanas de escuela fueron tranquilas. No pasaba un día en Fort Benjamin sin una pelea entre marineros y soldados, peleas en las que a menudo nos llevábamos la peor parte por manifiesta inferioridad numérica. Había poco que

---

[5] Guardia del interruptor de la luz.

hacer, en Indianápolis soplaba viento de tierra… pero el viento, ya se sabe, va un poco donde quiere.

Un día nos informaron de un importante desfile militar en el que todas las compañías de Fort Benjamin, incluida Alpha, desfilarían por la ciudad y en presencia de toda la población, así como de altos dignatarios civiles y militares; ¿qué mejor ocasión para ridiculizar al US Army? En un intento de evitar mezclas peligrosas – y contra todo sentido común– los jefes del ejército habían cometido el grave error de guetizar marineros y marines en una sola compañía. Una vez que tuvimos claro cómo iba a ser el desfile, no nos llevó mucho tiempo idear un plan.

El gran día nos encontró inmaculados con nuestros uniformes, limpios y ordenados como nunca. En serio, a la salida de Fort Benjamin, nos hubiéramos merecido una medalla solo por lo bien que íbamos perfectamente conjuntados con el protocolo estudiado hasta el más mínimo detalle. Jugamos a portarnos como buenos soldaditos hasta que cada compañía fue llamada al orden. Cuando llegó nuestro turno, en presencia del alcalde y del general del ejército, en lugar de Alpha, gritamos «¡Alpo!» – en aquella época una famosa marca de comida para perros. Muchos entre la muchedumbre se rieron, tal vez entendiendo la travesura; el alcalde esbozó una sonrisa y el general, muy a su pesar, ya había contestado al saludo militar.

La broma no fue tan tremenda como para merecer un castigo, pero, Al mismo tiempo, no pasó inadvertida. Entre todos ellos, fui el objetivo, quizás porque se me consideraba el punto de referencia de mis compañeros. La noche del desfile, estaba de guardia en la *light-switch duty* cuando un sargento me ordenó salir del dormitorio. Sin dar explicaciones, él y un soldado me subieron a un jeep. Nada más poner el culo en el asiento el vehículo ya había partido en dirección al gran bosque que rodeaba Fort Benjamin. Pensé para mis adentros: "¡Mierda! Estos tipos quieren matarme". Mientras tanto caminábamos por el oscuro sendero de tierra que conducía desde el fuerte al denso bosque, mi mente comenzó dilucidar posibles vías de escape. Pero estaban armados y parecían tipos duros.

Cartel publicitario de la marca de comida para perros ALPO.

Después de unos diez minutos, el jeep frenó bruscamente cerca de un cuartel oscuro y aislado, rodeado a ambos lados por una barrera metálica bastante alta. «Tú y tú» hizo el sargento dirigiéndose hacia mí y a un cabo, «esta noche estarán de guardia en este depósito de municiones.»

¡Suspiré aliviado: ¡al menos no querían acabar conmigo! Pero el alivio duró poco. Entre los dos tenía el rango más bajo y por eso me tocaría la guardia externa. Nada que que objetar, salvo porque había salido con una camisa, pantalones y zapatos de tela, mientras fuera había una humedad que te penetraba hasta los huesos. Así se explica la venganza del ejército: castigar a uno para educar a cien.

Caminé alrededor del depósito, sin pausa durante cuatro largas horas. Con cada paso pensé que sería el último en este valle de lágrimas y en cambio continué, como un autómata, toda la noche. A fuerza de caminar alrededor me arriesgué a cavar una trinchera alrededor del cuartel, como la que se ve en los viejos dibujos animados cuando un personaje camina haciendo círculos pensativo.

A cada paso lanzaba una mirada desconsolada hacia el cabo, que se sentaba felizmente al calor leyendo una revista. Mis zapatos estaban inundados debido a la humedad del suelo que estaba helado y fangoso. Al amanecer, cuando me levanté llamaron para el desayuno y estuve temblando el resto del día. El frío de aquella noche me acompañará hasta la tumba.

Todo sumado y la permanencia en Indianapolis fue una etapa feliz. La ciudad me gustaba mucho; había muchas cosas que hacer y para las soldados femeninas eramos su debilidad los marineros.

A la llegada a Fort Benjamin, cada uno de nosotros había recibido una *Dream Sheet*, la carta de los sueños, sobre la cual anotar las bases donde nos hubiera gustado servir una vez terminada la escuela. Yo había señalado Australia, Escocia e Inglaterra, pensando que sería fácil instalarse en países similares al mío por lengua y cultura, y Japón por el halo de misterio que lo rodeaba. Estaba bastante seguro de que con todas las preferencias que había indicado, al menos una saldría bien. Y en cambio, una vez más, el destino decidió por mí.

Cuando leí mis *Orders*[6], me quedé de piedra. Fui asignado al USS Albany CG-10, un crucero de misiles destinado en Gaeta, Italia. No estaba muy familiarizado con la geografía italiana y antes de eso nunca había oído hablar de Gaeta, que todos en Fort Benjamin se obstinaban en pronunciar "Gheta", error que habría corregido solo a mi llegada. Mi maestra, Barbara McNabb, me dijo que Gaeta era una hermosa ciudad, habiendo prestado servicio en el US Naval Support Activity Detachment[7] en Corso Italia, donde hoy se encuentra la tienda de artículos UNO, y donde, si uno se fija bien, notará una acera más alta de lo normal con pequeñas trazas de pintura amarilla. Después de terminar la escuela en Indianápolis, fui enviado a Norfolk, Virginia, la ciudad portuaria donde se encuentra la mayor base naval del mundo.[8] Durante dos semanas estuve haciendo un

---

[6] Órdenes militares.

[7] Destacamento de apoyo naval.

[8] *Overseas ship training.*

curso de formación antiincendio, otro de control de daños y otro de protocolo en el exterior. En Norfolk, conocí a Brent Hutchinson y a Kerry Bird, que serían mis compañeros en Gaeta, con las funciones de técnico de aire acondicionado y contramaestre respectivamente.

Después de estos cursos pude considerarme un marinero de pleno derecho con el grado de PCSR (Reclutamiento de Marineros Postales Clerk).[9] En mí crecía el afán de partir y comenzar esta extraordinaria aventura. Nunca había estado en el extranjero y en mi mente me imaginaba los escenarios más fantásticos. En Norfolk nos habían dicho que los italianos eran *gentlemen*,[10] siempre impecables tanto en los modos como en el vestir. Me compré un traje caro porque no quería obviamente empezar con el pie torcido.

Desde Norfolk cogimos un autobús a Filadelfia y desde allí un avión a Nápoles. Nada más aterrizar en el aeropuerto de Capodichino fuimos recibidos por el Command Master Chief[11] y, después de los saludos de ritual, subimos al autobús que finalmente nos llevaría a "Gheta".

Mi primera impresion de Italia no fue favorable: a las afueras del aeropuerto había montones de basura dispersos por todas partes y una dejadez generalizada. ¿De verdad éste era el hermoso país del que me había hablado Barbara en Indianápolis, el mismo habitado por caballeros con traje y corbata?

Al llegar a Formia, suspiré de alivio: el mar azul y resplandeciente, las montañas, el pueblo pequeño pero bien surtido, limpio y ordenado y, allí, la hermosa y característica península de Gaeta donde pasaría esta nueva etapa de mi vida. Aquí es donde empieza.

---

[9] Recluta.

[10] Cabarellos.

[11] En la escala jerárquica de la Armada de los Estados Unidos se clasifica como E-9.

III – Gaeta: las primeras impresiones

Nada más llegar a Gaeta, nos llevaron inmediatamente a bordo del barco. Un empleado del Personnel Office[1] nos esperaba con una lista en la mano y nos dijo en qué alojamiento habíamos sido asignados. A mí me tocó la X-Division (Admin) Berthing Compartment,[2], que estaba situada en la segunda cubierta inferior en la proa del barco.

Después del largo viaje en avión y autobús, esperaba tener al menos una hora para descansar y refrescarme. ¡Qué iluso! El empleado nos indicó que dejáramos el Sea Bag[3] donde estábamos y que lo siguiéramos.

Nos llevó al Mess Hall, el comedor, donde esa noche prestamos servicio de *mess-cranking*, consistente en servir la cena: hamburguesas, hot dogs, pero también verduras, carne y patatas, junto con la limpieza de la despensa y la cocina. Podéis imaginaros el cansancio. Solo entonces me di cuenta de que el servicio de comedor era una forma sencilla de dar a conocer a los nuevos reclutas de rango inferior al E-4. Una forma sencilla de presentar nuevas caras. Una vez terminado el servicio, fui en busca de las viviendas

---

[1] Oficina de personal.

[2] Viviendas de la División X (Administración).

[3] Bolsa de viaje de la Marina de los Estados Unidos. Generalmente hecha en robusto tejido verde y resistente al agua, estas bolsas están provistas de cordones que permiten su apertura solo desde el extremo superior.

asignadas a la X-Division, que en la CG-10 era la división encargada de los trabajos administrativos. No era fácil orientarse en ese laberinto de pasillos largos y estrechos. Después de algunas vueltas y gracias a la ayuda de un de un MOW,[4] encontré finalmente el sitio. El alojamiento típico constaba de tres literas. También en esta ocasión, la mala suerte me había precedido y me asignaron la peor litera, la de abajo y que estaba destrozada en la mitad. Me duché rápidamente y, con la litera destartalada o no, caí redondo y me dormí. Me desperté a las cuatro de la mañana para preparar el servicio de desayuno y desde entonces me pasé todo el día entre un mess-cranking y otro. Por la noche, después de una agradable ducha regeneradora, en compañía de otros reclutas que conocía a bordo, como Brent Hutchinson de Tulsa, Oklahoma, y Jeff Bailey de Bollingbrook, de Illinois, decidimos salir a explorar la ciudad. ¡Estaba impaciente!.

Nuestra primera parada fue el Bill's Bar[5], que ahora se llama Rendez-vous, justo enfrente de la antigua puerta de la base. Después de unas copas, fuimos al Hideaway, un club nocturno cerca de Villa Traniello, donde conocí y me hice amigo del gerente, Antonio Lauria. Tonino era un compañero amistoso, siempre me invitaba a una cerveza y le debo mis primeras palabras en italiano. Por el camino, me sorprendió la cantidad de bares y clubes nocturnos que abarrotaban la antigua Gaeta.

Hoy en día, la Gaeta Vecchia se ha convertido en una atracción turística ¡de pleno derecho! Sus iglesias, monumentos y su maravilloso paseo marítimo, junto con sus numerosos bares y restaurantes, atraen a miles de visitantes cada año, especialmente durante el verano. Sin embargo, los menos jóvenes como yo recordarán

---

[4] *Messenger of the Watch*, el Mensajero de la Guardia, es el encargado de la vigilancia de la bóveda cuando el barco está en puerto. Entre sus tareas se encuentra la entrega de mensajes de un compartimento a otro, tarea que requiere gran familiaridad de los compartimentos del buque.

[5] El gerente, Bill, era un marinero estadounidense que había dejado la marina y casado con una chica local.

una realidad muy diferente: un pueblo que aún llevaba, de manera bastante visible, las cicatrices de la Segunda Guerra Mundial y la miseria, donde gran parte de la economía dependía de la presencia estadounidense y de los numerosos clubes nocturnos que brotaron como hongos a partir de los años 60.

El club nocturno Hideaway estaba al final de un callejón privado. El cartel se sigue reconociendo muy bien.

Cuando un estadounidense entraba en cualquiera de estos locales, era inmediatamente abordado por atractivas chicas nórdicas, las famosas *entraîneuse*,[6] a menudo reclutadas a través de anuncios en

---

[6] *Entraîneuse* s. f., fr. [der. de entraîner «arrastrar, sacar»]. Joven sirviendo en clubes nocturnos con la misión de entretener a los clientes, induciéndolos a consumir alimentos refinados y, sobre todo, bebidas caras. [Diccionario Treccani]

periódicos ingleses y franceses. La táctica era la misma utilizada en todas las tabernas desde la antigüedad hasta hoy para hacer gastar dinero a clientes desprevenidos. Con una mirada coqueta, te ponían la mano en la pierna y te pedían que les compres bebidas. Y después de unas cuantas cervezas, a menudo servidas calientes (ya que muchos locales ni siquiera tenían nevera, o no podían llenarla a tiempo porque ya la habían vaciado), era difícil para un joven de veinte años rechazar una invitación tan audaz.

Desde el Hideway nos detuvimos en 8½ y Splash en Via Faustina, entonces Casablanca (actualmente La francese) en el California, donde actualmente se encuentra la sede de la Guardia Costera) y, para cerrar con broche de oro, en el Red Light. En este último lugar, el DJ, Walter,[7] trabajaba protegido por una jaula de metal que lo resguardaba de las botellas de vidrio que los marineros ebrios, de vez en cuando, le lanzaban. También ocurría lo contrario: por indicación del gerente, en el transcurso de la noche, el DJ aceptaba docenas de bebidas que los estadounidenses le ofrecían y que él escondía detrás de la consola. Al amanecer, esas bebidas, junto con los dólares gastados en ellas, terminarían literalmente en el inodoro.

Todos los bares permitían a los marineros mantener una "Cuenta abierta" que se liquidaba puntualmente el día de pago: los propietarios conocían nuestras cuentas tan bien como sus bolsillos. Por supuesto, en la cuenta siempre había consumaciones que nunca habíamos tomado, pero ningún marinero protestaba. Después de todo, ¿quién más te daría un trago cuando no tenías dinero?

No solo había alcohol y prostitución, sino también drogas: los Marselleses[8] primero y la delincuencia del Casertano luego encon-

---

[7] En Gaeta también conocido como "el chino", durante años fue el propietario de una famosa sala de juegos en Corso Cavour.

[8] Antes de trasladarse a Gaeta, la VI flota americana estaba estacionada en Ville-franche-sur-mer, Francia, donde la banda criminal de los marselleses operaba un floreciente tráfico ligado al tráfico de estupefacientes aprovechando precisamente la presencia de los americanos en la ciudad.

traron en Gaeta un lucrativo mercado de drogas. Las calles y callejones de San Erasmo estaban impregnados del olor a marihuana, que tanto estadounidenses como italianos consumían libremente. Y así era la escena en Gaeta Vecchia a finales de los años 70.

No faltaban criminales comunes, como ladrones y atracadores. Una noche, al regresar de una de las salidas, nos detuvo un joven que, con fuerte acento campesino y armado con un cuchillo, nos ordenó que le diéramos todo el dinero que teníamos. A este bribón le fue muy mal: en pocos segundos, nos abalanzamos sobre él, haciéndole lamentar amargamente su intento de robo. Estoy seguro de que cuando llegaron los carabinieri, suspiró profundamente de alivio. Muchos de nosotros, en esos años, habíamos vivido en el lugar equivocado. Poner un pie en el lugar equivocado significaba recibir una bala en la frente, mientras que otros no tenían antecedentes y se veían obligados a servir en la Marina estadounidense para evitar la cárcel. Esto para decir que,si había que mover los puños o intentarlo por la vida diplomática, la primera opción era casi siempre la elegida.

También era una época en la que se permitía a los marineros dejarse crecer la barba, un derecho que la Marina estadounidense hoy reserva exclusivamente a los sijs en cumplimiento de sus preceptos religiosos. Después de solo una semana saliendo en el Gut, como también conocíamos Gaeta Vecchia entre nosotros, me cansé de las bromas y de la vida nocturna. No era para eso por lo que había aceptado la estricta disciplina militar o cruzado el océano. Me quedaría en Italia durante dos años; tal vez ni siquiera habría vuelto a mi país. Y todo lo que había visto hasta ese momento eran bares y discotecas...

Compartí mis pensamientos con un marinero que llevaba unos meses en Gaeta y me sugirió tomar el camino correcto una vez saliera de la base. Decidí seguir su consejo en la primera oportunidad que tuve, recorriendo el paseo marítimo Caboto en dirección al centro de la ciudad, y descubrí, casi de inmediato, el Caiattas: un barco convertido en bar y restaurante, amarrado más o menos a la altura del Bar Platani. La diferencia con los bares y discotecas de

Gaeta Vecchia era sustancial: el ambiente era el de un lounge bar, muy relajado y agradable. Vi a algunos estadounidenses charlando amigablemente con chicas italianas y me sentí inmediatamente a gusto.

El inolvidable Caiattas (1973). Archivo de Carlos e Adriano Di Nitto.

Desde entonces, empecé a aventurarme cada vez más en la parte nueva de Gaeta y en el pueblo de Elena, descubriendo finalmente un lugar lleno de sonidos y sabores diferentes a los de mi país de origen. La mayoría de los gaetanos estaban cuanto menos dispuestos a recibirnos, especialmente las chicas, que sentían una gran curiosidad hacia nosotros.

Para nosotros era difícil pagar en liras:[9] dondequiera que fuéramos, nos pedían pagar en dólares y era un tipo de cambio claramente desfavorable. También por este motivo decidí hacerme con un diccionario de bolsillo inglés-italiano, con el que empecé a chapurrear algunas palabras en italiano, a entender y a hacerme entender. Aprender el idioma italiano, aunque fuera a un nivel

---

[9] Para los más jóvenes: la lira era la moneda nacional en circulación en Italia, sustituida por el euro a partir del 1 de enero de 2002.

básico, me abrió un mundo de conocimientos y mejoró notablemente mi experiencia local. Más que nada los Gaetanos empezaron a recomendarme que visitara un sitio y otro, probar este y otro plato. Con el tiempo estreché lazos de amistad, algunos de los cuales se mantienen hoy.

Al principio, mi italiano dejaba mucho que desear. A menudo me pasaba que pedía helado con sabor a "frijoles" en lugar de fresa. Tenía amistad con algunos marineros italianos estacionados en Gaeta pero originarios de Nápoles, y de vez en cuando pasaba los fines de semana con ellos allí. Pude así conocer también esa bulliciosa y problemática metrópolis, aunque con todo su encanto.

Los napolitanos son gente muy amable y su cocina está entre las mejores del mundo. Pero había que tener cuidado de no caer en algún timo… Una vez, en la estación de Nápoles, un amigo mío decidió comprar una caja de cigarrillos a un vendedor ambulante. A día de hoy, no me explico qué lo llevó a hacerlo, ya que a bordo un cartón de Marlboro costaba apenas $2,50. Subió al tren, abrió la caja para fumar un cigarrillo e imagina su cara cuando descubrió que el interior estaba lleno de serrín.

Una noche en la pizzería de Nápoles, un amigo me instó a pedir la especialidad de la casa, la pizza a la guallera.[10] El camarero me miró con incredulidad durante varios segundos y luego se echó a reír. Un poco en napolitano y un poco ayudándose con gestos, logró hacerme entender qué significaba la palabra.

Como otra vez en la discoteca: quería invitar a una chica a bailar, y un amigo me aconsejó qué decirle (no repetiré aquí las palabras exactas). Tan pronto como lo hice, la chica me dio una bofetada memorable en la mejilla. Sin embargo, por mi mirada aturdida y la risa de mis amigos, debió intuir que había sido víctima de una broma pesada y se aseguró de que pasara una buena noche.

---

[10] Término en lengua napolitana que indica "hernia inguino-escrotal en su fase más avanzada" además de varios otros significados, todos en sentido figurado y atribuible al tedio y más genéricamente a un sentido de molestia.

De nuevo con algunos amigos del barco, fuimos a bailar al Seven Up[11]. Uno de los chicos tenía un coche y nos llevó a dar una vuelta hasta la discoteca. Había mucha gente esa noche y en la pista de baile, las chicas nos hacían señas y sentían curiosidad por nosotros que eramos americanos. Estuve bailando con una chica durante toda la noche, sin importar lo que pasara a mi alrededor. De vez en cuando, mis amigos venían a tirarme de la camisa y me decían: "¡Vámonos!". No sé cuántas veces los ignoré , hasta que se cansaron y me dejaron solo. Mi deseo de quedarme resultó ser un gran error: pensé que la chica me invitaría a su casa para pasar la noche, pero poco antes del amanecer me dijo que vivía con sus padres y que no podía quedarme con ella. Me quedé como un tonto… y para mas inri sin transporte. Justo antes de salir del club con sus amigas, la chica me dijo cuanto le gustaría volver a verme y me dejó una servilleta con su número de teléfono apuntado. Las seguí con la esperanza de recuperar mi suerte, pero vi que ella y sus amigas se habían metido a duras penas en un coche enano. Me quedé mirando con amargura las luces traseras del coche mientras desaparecía a la vuelta de la esquina. Me quedé solo en el aparcamiento: sin promesas de conquista y sin amigos. Supe que debería caminar hasta Gaeta, unos 15 kilómetros. Después de dos o tres horas, exhausto por la larga noche de juerga y la caminata desde Gianola hasta Gaeta, con el orgullo herido y con los pies doloridos, finalmente llegué al barco: justo a tiempo para empezar a trabajar. Además de la humillación, había perdido también la servilleta con el número de la chica.

[11] Inaugurada el día de Carnaval de 1980 en Gianola di Formia para a instancias del jefe camorrista Antonio Bardellino, la discoteca Sevel Up fue gestionada por el clan de los Casalesi y posteriormente, indirectamente, por la Banda della Magliana. En su época fue una de las discotecas más grandes de Europa con capacidad para cientos de personas. Meta de políticos y celebridades, la Seven Up constituyó el punto de encuentro entre instituciones y bandas criminales. El tres de agosto de 1985, el Seven Up se hizo explotar con explosivos. Salvatore Minieri, *Los Pasha. Historia criminal del clan Bardellino y de la discoteca Seven Up*, Spring Ediciones: Caserta, 2018.

En Gaeta no faltaban comerciantes y dueños de locales nocturnos que se aprovechaban de nosotros, haciéndonos pagar más por un producto o un servicio de lo que realmente costaba. Nuestro salario, para los estándares locales de la época, suponía un buen sueldo. ¿Qué podía hacer un joven de veinte años, a cientos de millas de su país y sus seres queridos, con el dinero si no lo gastaba para construir nuevas amistades y relaciones en ese nuevo hogar por muy temporal que fuera?

Sin embargo, también sucedía lo contrario, con algunos marineros que hacían verdaderos negocios, comprando y revendiendo productos muy solicitados, como los cigarrillos de exportación (los Marlboro de filtro blanco, por entonces poco comunes); bebidas alcohólicas como el Chivas y el Johnnie Walker, tan aclamadas en Hollywood; pantalones vaqueros azules, boomboxes y walkmans, solo por nombrar algunos de los productos más aclamados. En una ocasión, me vi comprando grandes cantidades de pan blanco (el comúnmente llamado "Pan Bauletto" que hoy se encuentra en cualquier supermercado) como un favor que me pidieron. Un producto muy demandado por los propietarios de bares para hacer sándwiches, y que, en ese momento no se encontraba en Gaeta y sus alrededores.

El caso más sorprendente involucraba a un sargento estadounidense de origen filipino que, mientras se hacía el mercadillo, cada miércoles solía montar un auténtico y gran puesto. Exponía copias del catálogo de la tienda estadounidense en Nápoles, donde los visitantes podían encargar todos los productos que quisieran, pagando un extra por el servicio y asegurándose la entrega al miércoles siguiente. Era una especie de precursor del comercio electrónico. La práctica continuó durante un tiempo, creciendo exponencialmente y obligando a las autoridades a poner remedio.

Al cabo de algunas semanas, me volví lo suficientemente competente con el idioma como para aventurarme en el Cinema Ariston y ver películas en italiano. Era la primera vez que veía películas dobladas, lo que me causaba una mezcla de sentimientos entre perplejidad e incredulidad. También era el único estadounidense en la sala, lo que complacía al gerente, quien siempre me hacía el mismo descuento que garantizaba a los militares italianos. Recuerdo la impresión que me causaron las películas de Mario Merola,[12] como si un italiano de hoy viera por primera vez una película de Bollywood con todo el acompañamiento de canciones, bailes y todo el folclore de la India.

Con el tiempo, me convertí en un fanático de Mario Merola y tuve la oportunidad de verlo en persona una vez que vino a tocar a Gaeta. Me encontraba cerca de su coche y logré meter la cabeza por la ventanilla para decirle: "Mario, te quiero". No se ofendió para nada, Mario se echó a reír y me dio una palmada en la mejilla. Recuerdo ese encuentro con mucho cariño; me dio la impresión de que era una persona auténtica a pesar del éxito abrumador que tenía en aquel momento.

A fuerza de caminar también descubrí la playa de Serapo, que a principios de los años 80 aún era en gran parte libre. La arena de color dorado era diferente de la blanca de mi isla. Después de pasar un tiempo en Indianápolis y Norfolk, regresar a nadar y disfrutar del calor del sol fue un gran alivio. En la playa, jugábamos al fútbol americano y a menudo los italianos se unían al juego, y nosotros hacíamos lo mismo cuando jugaban a su fútbol (soccer). Sin embargo, mientras ellos seguían dando patadas el balón ovalado en lugar de lanzarlo, nosotros continuábamos recogiéndolo con las manos y corriendo hacia la portería. El deporte es un lenguaje universal, pero la forma en que se practica no lo es tanto.

En la playa, no faltaban las chicas guapas en bikini y las turistas alemanas en topless. Gaeta era realmente internacional en aquella época. De vez en cuando, el barco, hoy como entonces buque insignia de la Sexta Flota, partía en misiones de carácter diplomático. Tuve la oportunidad de visitar Barcelona y Marsella, apreciando ambas ciudades, aunque eso no disminuyó la belleza de Gaeta, que

---

[12] Cantante, actor, compositor y presentador de televisión napolitano (1934-2006), llamado el "Rey del drama".

de hecho se acrecentó porque, pequeña y tranquila en los meses de invierno, me recordaba mucho a Key West.

Hoy en día, tanto Gaeta como Key West basan gran parte de su economía en el turismo, y especialmente mi isla natal ha terminado por desnaturalizarse mucho y perder gran parte de su población residente, convirtiéndose en un conglomerado de albergues turísticos y hoteles. Supongo que perder la identidad es la otra cara de la moneda del éxito en el turismo…

IV – Elena de Gaeta

El 2 de junio de 1979, llevaba aproximadamente unos dos meses en Gaeta y prácticamente unos días en los que había comenzado a explorar la ciudad, descubriendo lugares, personajes y costumbres. Ese día también caía en la fiesta de San Erasmo, Santu Raime, como se le llama cariñosamente a Gaeta. En aquellos tiempos no existía el peligro de los atentados terroristas actuales y los militares estadounidenses podían circular libremente con uniforme incluso fuera de la base y durante las horas de descanso.

En compañía de mi amigo Kerry, aquella tarde salimos a dar un paseo por las fiestas. En el paseo marítimo había diferentes puestos que ofrecían productos y entretenimiento de todo tipo, desde dulces hasta vinilos pasando por tiro con escopeta, en definitiva, las mismas atracciones y puestos que podéis encontrar hoy en día en cualquier fiesta patronal.

Con sus ropas de domingo, los gaetanos habían recuperado – al menos para ese día – del pueblito medieval. Era agradable ver padres paseando con niños, niños vociferantes y jóvenes despreocupados de todas las edades disfrutando de ese día y llenando de alegría las calles de la Gaeta Antigua.

Al cabo de un rato paseando, nos dimos cuenta de que dos chicas paseaban solas por el paseo marítimo. Habituados a las chicas americanas y a sus vaqueros, ver a dos mujeres contoneandose en vestidos de verano nos impactó de inmediato. Pasamos junto a ellos y estas sonrieron tímidamente. Alejándose, las vi hablar entre ellas.

La misma escena se repitió unos minutos después, y decidimos unirnos al juego e intentar un acercamiento.

Aquel primer encuentro fue memorable: ellos no entendían una palabra de inglés ni nosotros de italiano, a excepción de algunos términos atrofiados que pude unir y dar sentido completo. Con gran dificultad logré entender sus nombres – Elena y Daniela – y no querían que las vieran con nosotros por miedo a ser vistas por sus hermanos. En ese momento, los estadounidenses eran vistos como algo poco bueno y en búsqueda de diversión, y ¿cómo contradecir esa opinión poco constructiva? Habría una razón por la que exista el dicho de "Promesa de marinero" que tiene traducción en todos los idiomas del mundo.

Elena y Daniela dijeron que tenían hambre y que querían tomar un trozo de pizza. Inmediatamente nos ofrecimos a comprársela y, después de algunas negativas, las convencimos para esperar. Habíamos salido sin dinero y por eso volví corriendo al barco para coger unos dólares. ¡Qué esfuerzo en vano: cuando les compramos la pizza no se comieron ni un trozo! Me di cuenta de que había sido sólo una excusa para seguir en nuestra compañía.

Ese primer encuentro fue el comienzo de una larga serie entre Elena y yo. Concertamos una cita para el día siguiente "Bajo los árboles". Tenía miedo de que nos estuvieran tomando el pelo, así que le pedí a Kerry que nos sentáramos en un banco y fingir que no pasaba nada. De este modo, si no se presentaban, habríamos evitado hacer el ridículo. Al cabo de un rato las vimos llegar al Paseo Marítimo, entonces cruzamos la calle para alcanzarlas y empezamos a silbar detrás de ellas para llamar su atención. No se dieron la vuelta y eso me hizo pensar que eran buenas chicas.

A partir de ese día empecé a quedar con Elena al menos una vez a la semana, siempre bajo los árboles, siempre y solo para paseos inocentes, a veces incluso manteniendo una cierta distancia. En ese momento no salíamos en serio y lo que teníamos era más una bonita amistad que una relación en serio. Cita tras cita aprendimos a conocernos mejor y nos cogimos cariño hasta el día en que Elena me pregunta si me gustaría conocer a su familia.

Ingenuamente, no creí que implicara nada y acepté la invitación. Después de todo, todas esas citas platónicas significaban que a mí esta chica me gustaba de verdad.

El fatídico día se hizo esperar un poco. Pensé que iba a conocer a la numerosa familia de Elena, teniendo ella diez hermanos entre chicos y chicas, y sin embargo a la cita solo vino su hermano mayor Stefano, que después de presentarse comenzó inmediatamente a someterme a un tercer grado. De repente me sentí abrumado y catapultado en una realidad muy diferente de la que yo había crecido: En Estados Unidos, ninguna chica con la que había salido me había pedido que presentarme a su familia. Stefano era marinero y por eso se las arreglaba bastante bien mas que nada con el inglés, sin embargo a mi me costaba mucho, pasando mucha vergüenza al tener que explicar mis sentimientos a un extraño. Mi sinceridad tuvo el efecto deseado y Stefano, que a pesar de su corta edad desempeñaba el papel de un segundo padre para los hermanos menores, me concedió su bendición.

Desde aquel día en adelante Stefano y yo nos hicimos muy amigos, a veces nada mas bajar del barco lo encontraba fuera de la base esperándome con su Kawasaki Z1000.

«Sube que vamos a dar una vuelta, a Elena la ves más tarde.» Y marchando vamos a dar una vuelta por Sperlonga y Terracina. Alguna vez incluso me dejó conducir la moto y fue en una de esas ocasiones en las que me arriesgué bastante. Los americanos teníamos la obligación de llevar casco y que nos pillaran sin él podía dar lugar a medidas disciplinarias incluso graves. Un día que iba en la moto y estúpidamente sin casco – pero ¿quién lo llevaba, en aquellos tiempos? – sucedió lo inevitable: fui visto por una patrulla de la *Shore Patrol*[1] que inmediatamente me ordenó detenerme. Debió de haber sido la adrenalina, pero decidí no parar y pisar el acelerador.

---

[1] La *Shore Patrol* o "Patrulla Terrestre" es un cuerpo formado por militares en servicio. Su función principal es garantizar que los militares en libertad condicional no se comporten de forma abusiva. Es empleado de la Marina, el Cuerpo de Marines y la Guardia Costera de los Estados Unidos, así como de la Marina Real Británica.

Desde aquel episodio nació una persecución directa en dirección Formia, donde logré adelantar a la furgoneta gris militar cerca de la "Tumba de Cicerón". Me comporté como un completo idiota y prometí no volver a hacer nada tan estúpido

Promesa de marinero, que conste. No pasó mucho tiempo hasta que la lié todavía más.

En ese momento conducía un FIAT 128 celestino. Gracias a Stefano La compré por un buen precio en el taller donde trabajaba en Via Atratina, donde actualmente se encuentra el actual supermercado Sigma. Fui a visitar a unos amigos a Nápoles y por la noche nos dimos demasiado a la bebida. A la mañana siguiente, cuando miré el reloj, casi me da un infarto: ¡eran las seis!

Faltaba una hora para que el barco partiera y no encontrarme a bordo habría significado desertar, un delito castigado bajo consejo de guerra.

Salí corriendo, vestido como buenamente pude y revuelto, pisando el acelerador como nunca antes lo había hecho y devorando los kilómetros a una velocidad demasiado rápida para mi coche. Las prisas fueron en vano: al llegar a la playa de Vindicio vi el barco zarpar mar adentro, inexorable, y con él toda mi carrera en la marina…

Preso de la angustia, decidí que lo único que tenía que hacer era entregarme al DET – el US Naval Support Activity Detachment en Corso Italia. Una vez allí les conté a los oficiales lo que había sucedido y éstos no perdieron tiempo para contratarme en la oficina de correos. Esa era mi tema y como no sabía hacer otra cosa, me arremangué y trabajé sin descanso de sol a sol, casi hasta romperme la espalda. Mi arduo trabajo no pasó inadvertido: el comandante del DET habló bien de mi a mi Comandante[2], y en lugar del consejo de guerra o del *Capitán Mast*[3], solo fui condenado a treinta días de trabajos forzados.

---

[2] *Executive Officer* (es. Oficial ejecutivo), segundo al mando de la nave durante mi XOI o Executive Officers Inquiry (es. Investigación sobre los oficiales ejecutivos).

[3] El *Captain's Mast* (es. Árbol del Capitán) es un procedimiento administrativo de la Marina de los Estados Unidos en el que el oficial al mando del barco puede imponer sanciones no judiciales (NJP) por delitos disciplinarios.

Durante ese tiempo pude conocer a la familia de Elena al completo. En concreto, su hermana Tina, que entonces era una niña, se convirtió en la invitada habitual de todas nuestras citas. La idea de los padres era que teniendo que cuidar a una niña de cinco años, Elena tendría poco tiempo para pensar en mí. Al mismo tiempo, la compañía también serviría para probar, como si aún fuera necesario, mis intenciones con su hija. Los momentos para nosotros dos eran la excepción de la regla y tenía que conformarme con comer un helado en su dulce compañía.

En marzo de 1980 el Albany cedió el puesto de buque insignia de la VI Flota al USS Puget Sound AD-38.[4] No habiendo completado mis tres años de *Sea Time*[5] en Gaeta, tuve la suerte de ser trasladado al nuevo barco junto con muchos otros marineros solteros. De hecho La Puget Sound tenía una tripulación de marineros casados que estaban deseando volver a Estados Unidos, Tema que la marina resolvió realizando un intercambio de marineros de Puget a Albany y viceversa, con buena paz de los gaetanos que habían confiado en una tripulación menos problemática.

A mí esa transferencia me pasó en el momento oportuno permitiéndome prolongar mi estancia en Gaeta.

Ya me había enamorado de Elena. Un día, mientras caminábamos por el paseo marítimo, me detuve frente a una joyería. La tomé de la mano y la llevé al interior, donde la invité a elegir un anillo de compromiso. En su rostro apareció una expresión de sorpresa y desconcierto: no se esperaba ese paso. Había ahorrado suficiente dinero para comprarle un anillo y ella, aun en shock eligió uno de oro amarillo con un diamante minúsculo.

---

[4] Destructor de clase Samuel Gompers asignado a tareas de mantenimiento naval.

[5] Servicio en el mar.

El buque insignia de la VI flota, el USS Puget Sound (AD-38) en
U.S. Navy All Hands magazine Septiembre 1981, p. 12

Ella, aún en shock, eligió uno de oro amarillo con un pequeño
diamante. Le puse el anillo en el dedo y le pedí que se casara conmigo.
Imaginen la preocupación de la familia. Mi futura suegra, Gilda
Coppola, se alegró de la noticia porque me había cogido bastante
afecto, tanto que en los años siguientes me trató como a un hijo.
El padre de Elena, en cambio, era de otra opinión. Hiciera lo que
hiciera, nunca parecía satisfecho. Intenté convencerlo para que
cambiara su opinión sobre mí, pero al principio fue en vano. A las
siete de la tarde, cada vez que los visitaba, me decía: "Americano,
Vuelve a tu barco", casi echándome por la puerta a patadas. Temía
por su hija y su futuro, pero después de un tiempo entendió que
mis intenciones eran buenas y me acogió en la familia.

No tenía idea de cómo organizar una boda, así que de todos los
aspectos se encargaron Elena y su madre. Un día me dijeron que
fuéramos a un pequeño pueblo de Casertano para comprar mi
esmoquin de boda. El sastre tomó mis medidas y me probé varios

modelos. Opté por un esmoquin de lana ligera, una elección de la que me arrepentiría. Luego, junto con dos testigos, fuimos al ayuntamiento para oficializar nuestra intención de casarnos, que fue fijada junto con otras en la entrada del ayuntamiento para que todos pudieran verlo. Teóricamente, cualquiera que se opusiera a la boda podría haber planteado objeciones.

El 27 de julio de 1980 Elena y yo nos casamos en la Iglesia de los Descalzos.[6] Mi padrino de boda fue Kerry, que pronto se casaría con Daniela. Pronto me di cuenta de que mi elección del esmoquin de lana había sido un grave error. Era un día muy caluroso y me estaba deshaciendo. Estábamos en pleno julio y viendo las fotos de ese día es fácil percibir mi rostro enrojecido. Hoy me pregunto cómo no me desmayé por un golpe de calor… a la ceremonia asistieron la numerosa familia de Elena y algunos amigos del barco. Como mi familia no estaba presente, un vecino y un amigo de mi suegra me acompañaron al altar. Elena, como era habitual, llegó tarde. Empecé a preocuparme de que hubiera cambiado de opinión, pero el sacerdote que oficiaba la ceremonia – don Gennaro Avellino[7] – me aseguró sonriendo que no había nada de qué preocuparse y que íbamos a esperar todo el tiempo que fuera necesario.

Después de las fotografías de la ceremonia realizadas por Silvano,[8] alcanzamos a los invitados en el restaurante Lo Chalet de Sant'Agostino. El almuerzo nupcial en aquellos tiempos era bastante simple: aperitivo, lasaña, pollo con patatas, pescado a la parrilla y fritos,

---

[6] Como también es conocida la iglesia dedicada a Santa María de Porto Salvo y a los SS. Cosma y Damiano.

[7] Sacerdote perteneciente al Movimiento de los Focolares, su oficio en la Iglesia de los Descalzos comenzó en 1975. Fue muy querido por los feligreses, tanto que a su muerte en 2000 se le dedicó una sala de la diócesis.

[8] Fotógrafo que había estudiado en la Villa de las Sirenas. A pesar del omnipresente Smartphone que hoy permite a todos la inmediatez y el compartir en el Internet de una fotografía, los hijos continúan su actividad – iniciada en el 1903 – con estudio en Via G. Buonomo.

todo regado con vinello y acompañado por las notas de Vincenzo Granata, hermano de Nino Cocchetto y amigo de Ciccio, el padre de mi esposa. Vincenzo se dejó llevar por la fiesta, bebiendo a nuestra salud, tocando el acordeón y cantando con todos nosotros.

Recién casados posando en la playa de Sant'Agostino.

Justo después de la boda íbamos a ir de luna de miel a Key West, donde Elena conocería a mi familia, pero el viernes por la noche antes de la boda mi supervisor me dijo que debido a la carga de trabajo era necesario que yo fuera a bordo del barco. Lo cual fue una gran mentira, el volumen de paquetes y correspondencia se redujo al mínimo debido a las vacaciones y los cierres de verano. Nadie más en mi oficina estaba de permiso; ese gesto era una forma cruel de mi supervisor de engañarme. Al enterarme de la noticia, fui inmediatamente a mi oficial de división donde me dijeron que no se harían objeciones a la opinión de mi supervisor.

Había perdido el dinero de los billetes. Pero por suerte, ese viaje lo haríamos unos meses después, en octubre de 1980 a bordo de un

MAC[9] a diez dólares la entrada. En ese momento, al vernos obligados a posponer el viaje, nos concentramos mas la organización de nuestra primera casa, a espaldas del Olde Mill Inn, el parque americano aún hoy situado en Via S. Agustín 114 que está dedicado a actividades recreativas para los militares estadounidenses y sus familias. Pagábamos de alquiler 150 mil liras al mes, un alquiler exorbitante y fuera del mercado a pesar de que las gastos estaban incluidos en el precio. A modo de ejemplo, mi cuñado Giuseppe pagaba en esa misma época 50 mil liras por un apartamento muy parecido en la vecina Formia. Esta era solo una de las formas con las que algunos habitantes locales se aprovechaban de los estadounidenses. Además, la casa tenía bastante humedad.

Durante es tiempo, Gaeta también fue la base de un espía soviético, un marinero estadounidense llamado Glenn Souther, fotógrafo militar a bordo del Puget Sound. Glenn se había casado con una chica italiana y por eso le conocía yo. Siempre era amable y a menudo me llevaba al trabajo. Años después de su traslado, descubrí en los periódicos que durante su período en Gaeta había sido reclutado por los soviéticos, a quienes había proporcionado fotografías satélitales de importancia crítica[10].

En marzo de 1982 acababa de volver de un embarque cuando, al cruzar la puerta de casa, Elena saltó a mis brazos, incapaz de contener su felicidad: «¡Estoy embarazada!» Me dijo. Al oír esa noticia, me embargó de alegría el hecho de ser padre, el acontecimiento más importante en la vida de un hombre.

Cuando, en noviembre del 82, nació nuestro primer hijo Stefano Alessio, entendimos que la vivienda ya no cubría nuestras necesidades y decidimos mudarnos a Via del Piano.

---

[9] *Military Airlift Command*, vuelos reservados a las fuerzas armadas y, en ocasiones, a sus familiares inmediatos.

[10] https://en.wikipedia.org/wikiGlenn_Michael_Souther [visitado el 24 de agosto de 2020]

V – Ostia y Fiumicino

Era febrero del 83. El apartamento en Via del Piano era definitivamente mucho más céntrico y nuestra calidad de vida mejoró considerablemente. Pagaba 350,000 liras al mes, lo cual para mí era una suma bastante alta, pero quería que mi familia viviera en una casa cómoda.

Desde mi llegada a Gaeta, había sido ascendido al rango de Postal Clerk de segunda clase (E-5)[1]; el trabajo era estimulante y me gratificaba. Cada día aprendía algo nuevo y no faltaban oportunidades de crecimiento profesional. A bordo, se sucedían reclutas tanto viejos como nuevos, mientras que en tierra se había formado una comunidad bastante nutrida de estadounidenses casados con mujeres gaetanas, que al ser ya prácticamente del lugar eran considerados "casi lugareños".

De hecho, en Gaeta coexistían dos ciudades: la italiana y la estadounidense, que en un principio estaban prácticamente fusionadas entre sí. Además del ya mencionado Naval Support y Olde Mill Inn, en la localidad de Calegna se encontraba la Escuela Americana[2] –

---

[1] Sergente.

[2] La Joshua Barney School se trasladó de su sede original en Gaeta Antigua (inaugurada en 1967) a Calegna en 1974. En junio de 2006, al tener menos de cincuenta inscritos, la escuela se trasladó a la base naval de Monte Orlando para finalmente cerrar sus puertas en 2008. La sede de Calegna, tan querida por los gaetanos nacidos entre los años 70 y principios de los 90, fue demolida en 2018. En su lugar, el actual propietario, Seri Spa, tiene la intención de construir un parque residencial biotecnológico.

una moderna estructura equipada con gimnasio, cine, cafetería, oficinas, aulas, cancha de baloncesto, guardería infantil y parque de juegos – y el *Navy Exchange*[3] en la Via Garibaldi, que con la llegada del Puget Sound se trasladó al edificio actualmente ocupado por el supermercado Todis (cerca del Puerto Comercial), que luego se convirtió en una pista de bolos y snack bar. También había numerosos negocios dirigidos principalmente a una clientela estadounidense, como bares y lavanderías. Paseando por la ciudad, todavía es posible encontrar señales en inglés, algunas pertenecientes a negocios aún activos, como una *Laundry*[4] en la Via Indipendenza.

En la Escuela Americana se organizaban auténticas *Holiday parties*[5] donde nunca faltaba la presencia italiana, aunque fuera solo de manera institucional y representativa. En esos años, la comunidad estadounidense y la gaetana vivían en estrecho contacto, participando unas en las ceremonias y festividades de las otras. Para adentrarse en el mundo elegante de América de los años 80, bastaba con la patrocinación de un militar estadounidense. Así, sin siquiera tener que salir de la ciudad, el gaetano descubriría asi platos, bebidas, discos y películas aún desconocidos en el mercado italiano. Cada año invitábamos a familiares y amigos a casa para la comida del Día de Acción de Gracias. A los invitados siempre les interesaban los nuevos platos y, aunque muchos italianos de mi generación eran bastante quisquillosos con la comida, nunca dejaban nada en el plato y se chupaban los dedos

Esta forma de vivir la dualidad mis hijos la han experimentado desde pequeños, pasando de escuchar música en MTV mientras

---

[3] Spaccio militare: supermercado provisto de productos estadounidenses que, en una época en que el comercio electrónico aún estaba lejos, ofrecía un pedazo de América en suelo extranjero.

[4] Lavandería.

[5] Algunas de las festividades celebradas en la Escuela Americana: Halloween, Día de Acción de Gracias, Navidad, Pascua, pero también el Día de los Veteranos, y así sucesivamente.

comían una *Pepperoni pizza*[6] al participar en *glie Sciusce*[7] y en "hacer el juego de la botella"[8].

Hoy en día, Internet y la globalización han transformado el mundo entero en una aldea global: las canciones populares y las series de televisión de moda llegan simultáneamente a millones de personas en todas partes del mundo. Las tendencias se difunden mucho más allá de las fronteras nacionales y los temas de actualidad cambian a la velocidad de un click. Todo esto era algo inimaginable en aquel entonces…

Viví el primer año de vida de mi hijo Stefano entre un embarque y otro. Como nave reparadora, a la Puget, la llamaban frecuentemente para reparar otras naves estacionadas en el Mediterráneo. Cuando yo estaba fuera, mi esposa se iba a casa de su madre por miedo a quedarse sola; sus movimientos pronto llamaron la atención de algunos maleantes que, un día que no había nadie en casa, lograron forzar la puerta y robar todas las joyas de Elena, pulseras y collares de oro que regalaron a Stefano por su bautizo, y un collar de oro cubano que yo tenía desde que era joven en Key West. Por suerte, con las prisas, los ladrones de apartamentos se ahorraron mi Canon AE-1 nueva y algunas centenas de dólares en efectivo, dinero que habíamos ahorrado con mucho esfuerzo para nuestras vacaciones en Estados Unidos… La vecina nos dijo que había visto a los culpables, según ella, eran gitanos, pero por miedo, no había dado la voz de alarma. Además de los daños causados, también tuve que costear la reparacion de la puerta.

Al regresar de nuestras vacaciones en Key West, donde finalmente

---

[6] Pizza "americana" con rodajas de salami picante, famosa gracias a la serie animada *Teenage Mutant Ninja Turtles* (Las Tortugas Ninja).

[7] Con este término dialectal se refieren a las orquestas itinerantes compuestas por personas de todas las edades, en algunos casos con conocimientos musicales mínimos, que llevan sus canciones de buenos augurios por las calles y casas la última noche del año. Si estás de vacaciones en Gaeta en esa época, no te pierdas el espectáculo ofrecido en Via Indipendenza la noche del 31 de diciembre.

[8] Preparación casera tradicional de puré de tomate.

pude presentar a Stefano a mi familia, recibí la notificación de un traslado a Madrid, España, en la Terminal de Correo Aéreo (AMT)[9]. A mi mujer le apenaba dejar Gaeta siendo Stefano tan pequeño, pero, sabiendo el tipo de trabajo que tenía y los constantes traslados a los que estaba sujeto, enseguida se hizo a la idea. Ya había comprado un diccionario de español cuando recibí una nueva orden: necesitaban mis habilidades postales en Fiumicino, donde prestaría servicio en la antigua aduana militar del aeropuerto.

Nos mudamos a Ostia en febrero de 1984, a un pequeño apartamento en Via Antonio Zotti. Nuestro segundo hijo, Jason, nació justo en esta ciudad en el hospital Sant'Agostino. Desde el principio, Ostia no nos dió una buena impresión: había una decadencia generalizada, edificios altos y el mar ni siquiera se podía comparar con el de Gaeta. Las playas y las calles estaban sucias y llenas de ladrones y carteristas mientras que los residentes, como suele ocurrir en las grandes ciudades, no eran muy abiertos ni sociables. Hasta entonces, los gaetanos y los napolitanos me habían hecho sentir como en casa. Pero en Ostia, siempre me sentí como un extraño.

El trabajo en Fiumicino implicaba principalmente la clasificación del correo del Departamento de Defensa hacia las bases de la OTAN diseminadas por Italia, Europa, Oriente Medio y Estados Unidos. Recibíamos la mayor parte del correo procedente de los CONUS[10] (Estados Contiguos) a través de la TWA y PANAM, dos aerolíneas estadounidenses que desafortunadamente ya no existen. El Fleet Mail Center[11] de Roma era una operación conjunta supervisada por la Marina de los Estados Unidos, junto con la Fuerza Aérea de los Estados Unidos y los Marines. Sorprendentemente, todos se llevaban muy bien, quizás debido a la necesidad de vestir de civiles en lugar de con uniformes, una pequeña estratagema utilizada para

---

[9] Instalación encargada del correo aéreo en un aeropuerto.

[10] Se refiere a los 48 estados contiguos y al Distrito de Columbia en los Estados Unidos.

[11] Centro de correos de la flota militar.

mantener un perfil bajo en el extranjero y que ayudaba a considerar a todos por igual.

La correspondencia recibida se clasificaba y distribuía a través de varias compañías aéreas en toda Europa y más allá. En el aeropuerto, realmente nunca se paraba, y en Fiumicino seguramente me destrocé la espalda a fuerza de levantar sacos pesados.

Mi dedicación al trabajo fue recompensada con la promoción al rango de Petty Officer First Class[12], un hito que alcanzé a la primera oportunidad que tuve para presentarme al examen. Esto demostró una vez más cuánto me gustaba mi trabajo, además de permitirme tomar decisiones que mejoraron las operaciones en la oficina, no solo para mí sino también para todos los militares bajo mi supervisión.

En Roma y en el resto de Italia, el invierno de 1985 pasaría a la historia como el más frío del siglo. Las temperaturas bajaron por debajo de cero en todo el país, especialmente en el norte y centro-norte. La nieve cayó copiosamente incluso en el Lazio, tanto que tardé varios minutos en sacar mi coche de debajo de la nieve, un Alfa Sud. Desafortunadamente, la batería estaba descargada, pero con algo de suerte encontré un taller eléctrico abierto. Después de comprar una nueva batería a precio de oro, finalmente logré llegar al aeropuerto. ¡Todo ese esfuerzo para nada! Como era de esperar, los vuelos habían sido cancelados y en la oficina terminamos sin hacer nada, dedicándose a charlar.

Después de dos años en Ostia, todavía no había logrado sentirme a gusto en la ciudad: las primeras impresiones sobre el estado de la ciudad y la criminalidad se confirmaban cada día. Incluso llegué a considerar llevar a mi familia de regreso a Gaeta y hacer vete y ven, pero a menudo trabajaba hasta altas horas de la noche y viajar no era una opción.

En particular, de ese período trabajando en Fiumicino, nunca olvidaré una fecha: el 27 de diciembre de 1985. El ambiente navideño había ralentizado las operaciones en la oficina, y, algo que era muy raro

---

[12] Suboficial de primera clase.

en nosotros ya que normalmente éramos extremadamente puntuales, hizo que aquella mañana llegáramos con cinco minutos de retraso.

A esa hora, eran las 8:15 de la mañana, ya deberíamos haber estado en el bar desayunando y planeando el trabajo del día. Salimos del despacho rápidamente para llegar al bar y disfrutar del tan anhelado café cuando, de repente, escuchamos disparos procedentes del pasillo.[13] Al principio, pensé que era algún bromista que había decidido celebrar el Año Nuevo unos días antes, pero al instante vi una multitud de personas aterrorizadas corriendo en nuestra dirección. Entre ellos había un guardia de la finanza que gritaba: "¡Huyan, huyan! ¡Están matando a todos!".

En las horas siguientes, descubriríamos que un grupo de extremistas palestinos había abierto fuego contra la multitud, exactamente en el mismo bar donde solíamos desayunar cada mañana.[14] Si no hubiera tenido esos cinco minutos de retraso, quizás no estaría aquí contándolo hoy. La vida está llena de estas absurdas coincidencias. Un tren o un avión perdido, la acera de la derecha en lugar de la izquierda, y así sucesivamente. "Todos vivimos bajo el mismo cielo, pero no todos tenemos el mismo horizonte".[15]

Corrimos de inmediato a la oficina para asegurarnos de que ninguno de los nuestros hubiera resultado herido o algo peor. Por suerte, todos estábamos a salvo. En cuestión de minutos, la policía italiana nos informó que el aeropuerto estaba siendo evacuado y que debíamos abandonar la oficina. Nos llevó poco tiempo informar a nuestro comando en Nápoles y salir, ilesos pero conmocionados por lo sucedido.

---

[13] Entrábamos en el terminal desde el lado operativo a través de los puntos de control de la Guardia de Finanzas. De hecho, teníamos pases que nos permitían movernos libremente dentro del aeropuerto y a bordo de los aviones que aterrizaban. Hoy en día, todo esto sería impensable.

[14] El atentado ocurrió simultáneamente con otro ataque en el aeropuerto de Viena, perpetrado por el mismo grupo terrorista. En Roma causó 13 muertos y 76 heridos, en Viena 3 muertos y 44 heridos.

[15] Konrad Adenauer.

El bar involucrado en el atentado de Fiumicino del 27 de diciembre de 1985.

Durante el verano del 86, estábamos en la playa en Ostia un día cuando sufrimos un robo a plena luz del día. Mi esposa había llevado a Stefano a jugar en la piscina infantil mientras yo, habiendo trabajado durante la noche anterior, dormía profundamente bajo la sombrilla. Nuestra vecina nos contó que vio a alguien hurgar en nuestra bolsa de playa, sacar mi cartera y luego desaparecer entre las sombrillas. Por supuesto, lo observó todo sin dar la alarma. Me proporcionó una descripción general y yo, con la esperanza de atrapar al delincuente, corrí de un lado a otro por la playa, pero sin éxito. Denunciamos el incidente a la policía, pero nunca volví a saber del monedero y los documentos que contenía.

Estaba pagando 650,000 liras al mes de alquiler, un precio muy alto para los estándares de la época, incluso considerando el pequeño tamaño del apartamento en el que vivíamos. Por esta razón, cuando en diciembre del 86 recibí órdenes directas de Washington para trasladarme nuevamente a Gaeta, suspiré aliviado. La Sexta Flota estaba buscando un suboficial experimentado en operaciones postales y, debido a los elogios que recibí en Fiumicino, alguien debió de mencionar mi nombre al Almirante.

Fiumicino había sido un buen paréntesis en mi carrera profesional y al regresar a Gaeta, reduciría un año en mi destino en tierra. No importaba, estábamos ansiosos por volver a un día a día más tranquilo donde criar a nuestros hijos.

VI – ¡Hombre (casi) al mar!

Cuando regresé a Gaeta en el '87, fui asignado al personal del Almirante a bordo del USS Belknap CG-26[1]. Respondía a las órdenes del Supply Officer[2], el Capitán Hunter. El Capitán era un hombre con un gran corazón: había adoptado niños de entornos difíciles y, en general, siempre hacía lo posible por ayudar a los demás, tanto en el trabajo como fuera de él. Me gustaba mucho trabajar con él y siempre daba el 100%.

Mi tarea consistía en supervisar la oficina de correos y revisar el correo, además de organizar su distribución en los barcos y unidades navales conectadas con la Sexta Flota. A simple vista, parecía un trabajo sencillo, pero pronto se vió más complicado de lo que pensaba…

---

[1] La USS Belknap (DLG-26/CG-26) fue el buque insignia de la clase de cruceros lanzamisiles guiados de la Marina de los Estados Unidos. Fue lanzada en 1963 como DLG-26, un destructor lanzamisiles guiados según el sistema de designación actual, y reclasificada como CG-26 el 30 de junio de 1975. Fue retirada del servicio y eliminada del registro naval el 15 de febrero de 1995. La Belknap fue hundida el 24 de septiembre de 1998.

[2] Oficial de suministros.

El USS Belknap (CG-26) navegando en aguas del Mediterráneo, 21 de julio de 1992. Fotografía de JO1 James Slater, Marina de los Estados Unidos.

Al llegar a la oficina, revisé de inmediato los puestos de trabajo. Durante la inspección, encontré un cajón cerrado, así que pregunté al marinero responsable por la llave y por el contenido del cajón. Me dijo que probablemente contenía documentos, pero no estaba seguro de dónde estaba la llave. Tal vez la había olvidado en el uniforme que dejó en casa y que la traería al día siguiente. En ese caso. Hice como si nada y continué con la inspección. Luego, cuando el Marinero ya se había ido y con la ayuda de un destornillador abrí el cajón. En su interior encontré 25 mil dólares, una suma considerable incluso hoy en día, imagínense entonces. Ese dinero no estaba registrado en ninguna parte: después de una rápida revisión, me di cuenta de que eran giros postales cobrados y nunca depositados en la sede central. Un error de cien dólares podría pasar desapercibido, pero 25 mil billetes me parecían un error demasiado grave para ignorarlo. ¿Era posible que fuera solo un descuido? El asunto era cuanto menos sospechoso, así que decidí ir a la oficina correspondiente para denunciar lo ocurrido. El oficial me escuchó pacientemente y luego, con la misma paciencia, me explicó que sin pruebas concretas, no abriría una investigación.

Acepté esa decisión aunque la consideraba incorrecta, y desde ese día, me limité a vigilar al joven recluta. Mis sospechas resultaron ser ciertas unos tres meses después cuando, como un rayo en cielo despejado, recibimos un FAM[3] de Washington. Las oficinas de correos estadounidenses nos estaban solicitando formalmente un crédito de 150 mil dólares en giros postales. Contacté inmediatamente a Hunter y juntos nos dirigimos al Oficial Ejecutivo, el segundo al mando del barco. Informado sobre lo sucedido, el Oficial Ejecutivo decidió que el asunto era lo suficientemente grave como para llevarlo ante la atención del Comandante, quien de inmediato ordenó interrogar al sospechoso. Como era de esperar, este negó todas las acusaciones declarándose completamente inocente. Aunque no admitió su culpabilidad, se abrió inevitablemente un expediente sobre la desaparición de los fondos.

La investigación prometía prolongarse cuando, esa misma semana, recibimos un segundo comunicado de los Estados Unidos: los Inspectores de Correos de EE. UU., una fuerza policial federal, nos avisaba de su inminente llegada junto con un Inspector Postal Naval del CINCUSNAVEUR[4] en Londres, Reino Unido. Al olerse que las cosas se iban a poner peor, el sospechoso desertó de inmediato del barco, y ahí se perdió todo rastro de él.

En el proceso de corte marcial que tuvo lugar en la Naval Support Activity de Nápoles, me tocó ejercer como testigo. Fue una experiencia desagradable de la que no pude escapar. Al joven le cayeron seis meses de prisión militar, pero, como llegué a saber más tarde, al final de la sentencia fue arrestado nuevamente por orden del Internal Revenue Service[5] y condenado a seis años de prisión. En resumen, una vida arruinada por un capricho.

Hacia finales de 1987, sabía que mi estancia en Gaeta estaba llegando a su fin. Por retorcer un poco las cosas, la oficina de personal

---

[3] *Financial Adjustment Memorandum*, en es. Protocolo de Ajuste Financiero.

[4] Sede del Comandante en Jefe, Fuerzas Navales de EE. UU., Europa.

[5] El equivalente de la Agencia Tributaria.

me dijo que mi próximo destino estaría fuera de Italia, posiblemente en Estados Unidos. La idea de partir preocupaba mucho a mi esposa. Su principal temor era que Stefano y Jason se desarraigaran de Gaeta, perdiendo amistades y los lazos familiares italianos. Para empeorar las cosas, justo en ese momento, cerca de Navidad, descubrimos que Elena estaba embarazada. La maravillosa noticia contribuyó a aumentar mi preocupación. Partir con un recién nacido sin duda haría que la adaptación de Elena y los niños fuera aún más difícil en nuestro hipotético futuro hogar.

Pasamos esa Navidad, como cada año, en compañía de los padres, hermanos, hermanas y sobrinos de Elena, comiendo, jugando al bingo y cantando, olvidando por un rato las preocupaciones que nos acechaban.

El año nuevo traería consejos y… una aventura definitivamente desagradable.

Febrero de 1988. Navegábamos en el mar Jónico con un mar muy agitado. Los otros marineros y yo estábamos en la cubierta trasera, cerca del cañón[6], esperando a un helicóptero que iba a entregar el correo. Mientras esperábamos, a cierta distancia notamos una ola gigante, una *freak wave*, dirigiéndose hacia nosotros. Todos corrieron para agarrarse a la barandilla alrededor del soporte del cañón, pero yo no: no quería mojarme y estaba seguro de que lograría vencer a la ola refugiándome bajo cubierta. Fue un error colosal. La ola nos alcanzó con una velocidad y una violencia increíbles. En un instante fui arrojado por encima del pasamanos y solo por puro instinto logré agarrarme a la última línea de esperanza de vida y no caer al mar. Me encontraba balanceándome con el rugido del mar bajo mis pies, el barco sacudido por el balanceo salvaje, las olas alcanzándome los tobillos. En esos segundos de puro terror, mientras apretaba la resbaladiza línea de vida con todas mis fuerzas, recuerdo que pensé: "¿Quién se encargará de mis hijos?". Por suerte,

---

[6] Se trataba de un MK-42 de 5 pulgadas/54, un cañón calibrado utilizado por la marina estadounidense y otros países.

mis colegas se dieron cuenta de la situación y rápidamente me rescataron. Unos segundos más y habría sido engullido por las olas.

Una vez en la enfermería, el médico me dijo que tenía un corte profundo a lo largo de toda la pierna izquierda, una cicatriz que me recordaría esa absurda aventura mientras viviera. Sangraba abundantemente y tenía un dolor terrible en la espalda y las piernas, después de golpearme violentamente contra la barandilla del barco. Junto con el duro trabajo que hice en Fiumicino, aquel golpe también tendría efectos a largo plazo en mi salud. Al verme en ese estado y siendo yo el supervisor de las operaciones postales, el capitán del barco decidió retrasar el aterrizaje del helicóptero. De hecho, apenas pasé un par de horas en la enfermería. Fue el tiempo suficiente para suturar la herida y ponerme en pie de nuevo con un uniforme seco.

Más tarde, los colegas que estaban conmigo cuando ocurrió el accidente me contaron que vieron la ola golpearme y lanzarme por encima de la barandilla como en una escena de una película a cámara lenta. Desde ese día empezaron a llamarme "The Surfer", el surfista. Y yo me prometí a mí mismo no desafiar más a Neptuno en una carrera de velocidad.

VII – Guerra del Golfo

El 8 de julio de 1988 nació nuestro tercer hijo, Francesco. Al igual que Stefano, Francesco vino al mundo en el Hospital Naval de Pozzuoli. Con su llegada, éramos cinco, un desafío importante, por lo que Elena y yo tendríamos que trabajar arduamente para asegurar que a los niños no les faltara de nada.

Ese año también estuvo marcado por la constante amenaza de ser trasladado en cualquier momento. En 1989, fui asignado como supervisor en el DET en Corso Italia. En cualquier otro momento, habría aceptado este trabajo gustosamente. Sin embargo, en ese momento estaba haciendo unos cursos importantes a bordo del Belknap que impulsarían mi carrera, cursos que lamentablemente no pude completar. Resulta que la supervisora del DET, una Petty Officer E-5[1], odiaba tanto a la esposa del Almirante que llegó al punto de desechar toda la correspondencia que ella recibía. Cuando este escándalo salió a la luz, la pobre mujer convenció a su esposo para que la reemplazara con otro oficial capaz de hacerse cargo de la oficina, es decir, yo. El factor humano siempre cuenta, incluso en una máquina aparentemente perfecta como la industria bélica estadounidense.

También en 1989, en Gaeta, hubo un evento importante: la visita del Papa San Juan Pablo II. Para la ocasión, la administra-

---

[1] Suboficial E-5.

ción liderada por el profesor Damiano Tallini, también conocido como "el Alcalde del Papa", solicitó la ayuda de la Sexta Flota para dar seguridad a las gradas del Estadio Antonio Riciniello, donde se llevaría a cabo el encuentro con la multitud de fieles. Resultó que el Oficial originalmente a cargo, en las dos o tres semanas, no había hecho mucho. Yo tenía la reputación de ser un buen gestor y de completar siempre los trabajos asignados en el tiempo establecido. Por lo tanto, me encargaron supervisar un equipo de marineros.

El Papa Juan Pablo II en el Estadio Riciniello de Gaeta, el 25 de junio de 1989. Archivo fotográfico de Alfredo Langella.

Era bien entrada primavera y comenzaba a hacer calor, así que les ofrecí a los marineros la posibilidad de salir temprano si lograban cumplir con los objetivos diarios. La idea la recibieron con entusiasmo y la construcción a la que se estaban dedicando se desarrolló de la mejor manera posible. El Alcalde nos visitaba con frecuencia para supervisar el progreso del trabajo y felicitarnos por nuestro compromiso, y también nos preguntaba si podíamos arreglar esto o aquello. Por poco no arreglamos el estadio entero, tanto por dentro como por fuera. El proyecto original se expandió tanto que tuve que recurrir a los trabajadores de *Construction Workers*[2] en la base de Nápoles.

La obra se completó con gran éxito y satisfacción del Comando y la Administración, por lo que recibí una Navy Achievement Medal[3]. En ese momento, recibir este reconocimiento en la Marina era un excelente mérito profesional, pero hoy en día ha perdido valor. Para nuestra pequeña empresa, el 25 de junio de 1989, se nos asignaron asientos en las gradas; como siempre, los lugares de honor fueron para aquellos que ni siquiera se habían ensuciado las manos.

Mas tarde, a finales de ese año, llegó la orden de traslado tan temida. Como se habría anunciado previamente, las órdenes eran regresar a Estados Unidos y más en concreto prestar servicio en el DEPMED de Washington D.C. Al no conocer a qué institución se refería el acrónimo, llamé a la oficina del Classifier en el Pentágono, quien me explicó que se trataba del Bethesda Medical Hospital. De inmediato, pensé que el nuevo trabajo no sería tan malo: estaría a cargo de la oficina postal del hospital y, mientras estuviera allí, tendría la oportunidad de hacer nuevos cursos para actualizarme. Además, saber dónde viviríamos en los próximos años fue un gran alivio en comparación con la incertidumbre que había caracterizado los últimos dos años.

Unas semanas después, la Marina envió una empresa de mudanzas desde Nápoles para empacar todas nuestras cosas y enviarlas a Estados Unidos. Durante nuestros últimos días en Gaeta, nos asignaron dos habitaciones en el Hotel Flamingo en Corso Italia y billetes de avión de Roma a Washington D.C. con escala en Nueva York. Dejar Italia fue un gran cambio para nosotros, pero estábamos listos para afrontarlo de la mejor manera, aunque con el corazón muy triste.

---

[2] Trabajadores de la construcción.

[3] Medalla por el logro del objetivo.

Al llegar a Estados Unidos, lo primero que hice fue instalar a Elena y a los niños en un hotel en Bethesda, Maryland, cerca de Washington D.C. Al día siguiente, descansado y mas espabilado, alquilé un coche y fui solo al hospital para informar sobre mi llegada y preguntar cuándo comenzaría a trabajar. Fue entonces cuando descubrí la cruda verdad. Después de revisar mis órdenes, el empleado me dijo que mi colega en el Pentágono había cometido un error monumental: DEPMED no se refería a la *Dependent Medical Unit*, sino a *Deployed Medical Unit*[4]. Me habían asignado al USNS Comfort[5], atracado en el Astillero Naval de Baltimore, a unas treinta millas de Bethesda. Regresé en coche y, bastante molesto por la este cambio de acontecimientos, fui a Baltimore.

Viendo mi estado de aflicción mis futuros colegas a bordo del Comfort me dijeron que no me preocupara: el barco rara vez salía en misiones y mi presencia a bordo solo era necesaria una semana al mes; el resto del tiempo lo pasaría en el hospital de Bethesda. Estas palabras me reconfortaron y, con un poco de alivio, me ocupé de inscribir a los niños en la escuela y encontrar un apartamento, que localizamos unas semanas después en Silver Spring, cerca de Bethesda.

No había pasado un mes desde que comencé a trabajar en el hospital cuando me informaron que el Comfort se preparaba para una misión diplomática que proporcionaría vacunas y asistencia médica en varios países en vías de desarrollo. Esta noticia me dejó en shock. La idea de tener que partir tan pronto y durante varios meses, dejando a mi esposa e hijos solos en un país nuevo, me preocupaba enormemente.

[4] Unidades médicas en acción.

[5] La USNS Comfort (T-AH-20) es el tercer barco de la Armada de los Estados Unidos en llevar el nombre Comfort, un título que indica un barco sin comisión de propiedad de la marina y operado por civiles del comando militar Sealift (MSC). De acuerdo con las Convenciones de Ginebra, el Comfort y su tripulación no portan armas de combate. Atacar al Comfort sería considerado un crimen de guerra, ya que el barco solo transporta armas para autodefensa. Desde marzo de 2013, el barco está atracado en la Estación Naval de Norfolk en Norfolk, Virginia, la base naval más grande del mundo.

Por esta razón, por primera vez desde que me uní a la Marina, fui a ver al Comandante para contradecir las órdenes.

El USNS Comfort (T-AH 20), el buque hospital de la Marina de los Estados Unidos, frente a La Brea en Trinidad y Tobago, (el 3 de septiembre de 2019). La imagen lleva el código 190903-N-IA905-1016.

Este me dijo que la única forma que tenía de evitar la mision era cambiando de profesión y unirme al Departamento de *Naval Security*[6], bajo las órdenes de la policía militar de Bethesda. Acepté la oferta a regañadientes aunque al hacerlo, efectivamente suspendía lo que hasta entonces había sido mi carrera. Me asignaron el papel de *Brig Chaser*[7]. ¿Han visto la película con Jack Nicholson *The Last Detail*[8]? Bueno, eso es exactamente lo que hacíamos: rastrear a los marineros que habían cometido un crimen y escoltarlos a prisión. De hecho, nuestro trabajo se llamaba *Prisoner Escort Program*[9]. Pensé

---

[6] Seguridad naval.

[7] En la jerga de la Marina estadounidense, *brig* significa prisión. *Chaser*, literalmente, se puede traducir como "cazador" o "perseguidor".

[8] La última tarea.

[9] Programa de escolta de prisioneros.

que el nuevo trabajo evitaría la posibilidad de una partida inmediata. En ese momento, no podía saber que Saddam Hussein tenía planes diferentes...

El 2 de agosto de 1990, una coalición de treinta y cinco países liderada por Estados Unidos declaró la guerra a Irak después de su invasión a Kuwait: fue el comienzo de la Guerra del Golfo. Washington temía el uso de armas químicas por parte del dictador iraquí, un temor que también se planteó en la Guerra del Golfo posterior y que, por suerte, no se materializó en ninguno de los dos casos. El hecho es que el temor a las armas no convencionales llevó al Pentágono a ordenar el envío del USNS Comfort al Golfo Pérsico. Desafortunadamente, el cambio de trabajo no lo evitó en absoluto y me vi obligado a partir hacia Irak.

Una vez allí, pronto quedó claro que la guerra se resolvería fácilmente para la coalición liderada por Estados Unidos, que ya durante la *Operation Desert Shield*[10] demostró una enorme superioridad tecnológica y de recursos sobre las fuerzas iraquíes. La fase siguiente, conocida como *Operation Desert Storm*[11], dejó a Irak de rodillas en cuestión de un mes, destruyendo las principales infraestructuras del país a través de ataques selectivos y aniquilando a su ejército con igual facilidad.

En resumen, a bordo del Comfort estábamos terriblemente aburridos. No teníamos absolutamente nada que hacer y los días transcurrían participando en entrenamientos, tratando sobrellevar

---

[10] La Operación Escudo del Desierto (2 de agosto de 1990 – 17 de enero de 1991) implicó la fase de preparación de las tropas para la defensa de Arabia Saudita, por lo cual la coalición liderada por EE. UU. temía un inminente ataque.

[11] La Operación Tormenta del Desierto (17 de enero de 1991 – 28 de febrero de 1991) y el uso de cámaras de video a bordo de los cazabombarderos estadounidenses llevaron a que la guerra fuera apodada "Video Game War" (Guerra del Videojuego). Quizás la primera de muchas guerras en estilo de videojuego que presenciaremos en el futuro con el advenimiento de la robótica en el ámbito militar. Al final del conflicto, la coalición contó con 292 muertos (de los cuales 145 fueron por fuego amigo) y se estima que en Irak hubo entre 25.000 y 50.000 fallecidos.

aquel clima abrasador como fuera posible y, en general, esperando noticias de casa. En mi caso, las noticias no eran las mejores: Elena estaba teniendo muchas dificultades para adaptarse a Silver Spring y a la cultura estadounidense. Sin internet y con todas las dificultades de la época para hacer llamadas telefónicas a casa, Italia y Estados Unidos a principios de los años noventa estaban mucho más lejos de lo que están hoy en día.

La situación empeoró debido a la propia Marina, que cuando me fui para el Golfo Pérsico no solo perdió mi registro contable sino que dejó de pagarme el sueldo de la noche a la mañana. Con su limitado conocimiento del inglés, mi esposa intentó lidiar con una situación que era completamente absurda, pero la oficina en Bethesda siguió proporcionándole escasa información parcial y confusa. Pasaron varios meses durante los cuales nuestra cuenta bancaria se iba agotando lentamente sin que se vislumbrara una solución. Puesta contra las cuerdas, Elena se vio obligada a llamar al Consulado Italiano, que afortunadamente intervino rápidamente, llevando a la Marina a resolver el estancamiento. De repente, mi documentación fue recuperada en el Reino Unido, donde había sido enviada por error.

Mi período de servicio terminaría en enero. Sabía que Elena y los niños estaban pasando por un momento difícil y, dado que la Guerra del Golfo prácticamente había terminado el mismo día en que comenzó, el comando accedió a dejarme desembarcar para que pudiera regresar a Bethesda, donde podría renovar mi servicio o ya vestirme de civil.

En diciembre, subí a bordo de un helicóptero rumbo a un centro logístico en Arabia Saudita, justo en la frontera con Irak y en medio de la nada. Allí tuve que esperar aproximadamente una semana para recibir noticias sobre el vuelo que me llevaría de regreso a Estados Unidos. Recuerdo esos días por la total falta de agua fresca y porque me vi obligado a dormir en una mesa de picnic al aire libre para escapar del calor infernal de la tienda. Para empeorar las cosas, la Marina nos obligaba a usar máscaras de gas por temor a un ataque químico repentino. Imaginen a un grupo de chicos durmiendo al aire libre, en medio del desierto y con un cielo lleno de estrellas, usando máscaras que parecen sacadas de una película de ciencia ficción...

En el desierto, en el borde de la única carretera, nos encontramos con automóviles de lujo que aún estaban en buenas condiciones, completamente abandonados. Pensé que eran coches que habían dejado allí justo cuando estalló la guerra, pero me explicaron que habían pertenecido a sauditas adinerados que, en lugar de reparar pequeñas averías, llamaban al concesionario para que les trajeran otro coche de lujo y completamente nuevo. Con un nudo en la garganta, nosotros, mirábamos desde los vehículos blindados, esas máquinas al alcance de la mano que con sueldos como los nuestros solo podíamos soñar con ello.

Finalmente de regreso a Estados Unidos, al ver que Elena estaba bajo mucho estrés, decidí no renovar mi servicio militar y regresar a Gaeta. A nuestro regreso, nos establecimos en Via Indipendenza, cerca de Salita Campo.

Con la experiencia como Brig Chaser, presenté una solicitud para un puesto en la policía militar. El comando me informó que cumplía con todos los requisitos para el trabajo, pero por ley no podía unirme a la policía militar hasta que hubieran pasado seis meses desde mi cese de servicio en la Marina, una condición que me dejó con pocas oportunidades de empleo.

Mi cuñado Bernardo trabajaba como cocinero a bordo de los barcos mercantes y me sugirió que me uniera a él mientras esperaba poder unirme a la policía militar. Decidí aceptar su sugerencia y llamé personalmente al armador en Procida. Poco después fui contratado como marinero de cubierta a bordo de un barco de bandera bahameña. Fue el comienzo de una nueva, aunque breve, aventura...

VIII – Odisea

El embarque duraría seis meses, un período estándar en la marina mercante. Partimos de La Spezia en abril con tubos y maquinaria pesada a bordo. La carga estaba destinada para las bases de Agip[1] en los países del Cuerno de África y constituía el principal negocio del viaje, lo que no impidió que el armador organizara el viaje de manera que optimizara los costos con cargas y descargas rentables a lo largo de toda la ruta.

Nuestra primera parada fue Tenerife (España), una hermosa isla volcánica en el Océano Atlántico y un punto estratégico para el suministro de agua y combustible. Desde allí, nos dirigimos a Casablanca en Marruecos, Guinea, Liberia, Costa de Marfil, Ghana… Íbamos a remontar el río Congo, llegando hasta Sudáfrica y visitando docenas de puertos africanos. Pero no se hagan ilusiones: no fue un crucero de placer en absoluto.

A bordo, el ambiente era muy tenso. Después de las primeras dos semanas de navegación, quedó claro para todos que el cocinero y el capitán estaban conspirando para robar el dinero destinado a la compra de alimentos, obligándonos a intercambiar barriles vacíos, ropa, vino y cigarrillos por comida.

---

[1] Azienda Generale Italiana Petroli, que fue absorbida a fines de los años noventa del siglo XX para convertirse en la División de Exploración y Producción del grupo ENI.

De hecho, cualquier vestigio de solidaridad y comprensión entre los miembros de la tripulación se redujo al mínimo. La mayoría de los marineros eran auténticos alcohólicos. Por la mañana bebían vino en lugar de café, y mientras el líquido rojo siguiera fluyendo, no importaba si comían o no.

Recuerdo un incidente en particular en el que un marinero croata se bebió toda una caja de vino, provocando la ira de los demás marineros y desencadenando fuerte pelea. Algunos sacaron cuchillos, otros rompieron mesas y sillas. Resultó un verdadero milagro que nadie resultara muerto. Los combatientes solo se calmaron cuando llegó el pacificador de turno, con una botella de whisky ofrecida personalmente por el capitán.

Los robos del cocinero y el capitán llegaron hasta el punto de reducirnos a comer una especie de sopa aguada para el desayuno, el almuerzo y la cena. Durante ese viaje, perdí veinticinco kilos: ¡Mas que una dieta! Recuerdo como si fuera hoy el día en que intercambié un par de sandalias por piñas y pescado. Me sentí el hombre más afortunado del mundo.

En Casablanca, se presentó la oportunidad de bajar a tierra por unas horas. Dos marineros de Torre del Greco me pidieron a mí y a Bernardo que los acompañáramos, pensaron que correríamos menos riesgos en una ciudad famosa por su vida nocturna y los problemas que ello conlleva. En condiciones normales, me habría quedado encantado a bordo, esos tipos no me inspiraban mucha confianza y estaba claro que querían pasar una noche entre alcohol y prostitutas. Sin embargo, la necesidad de llenar el estómago y la curiosidad por ver algo más allá del barco me convencieron.

Nuestro destino fue el principal *bazaar*[2] de la ciudad, donde logré hacer algunos intercambios que serían útiles una vez que volviera a bordo. Después de vagar por la zona del bazar, no sé por qué caminos, llegamos a Moulay Rachid, uno de los barrios más peligrosos de la ciudad. Burdeles y tabernas de mala muerte, miseria

---

[2] Mercado permanente típico del Oriente y del norte de África.

y decadencia: en ese momento, Bernardo y yo nos dimos cuenta de que los dos tipos de Torre del Greco estaban buscando algunos sitios de placer local, pero no del tipo que nosotros estábamos buscando… Nos habían utilizado como escolta y, una vez allí, alejarnos nosotros dos solos y sin recordar claramente el camino de vuelta habría supuesto graves riesgos. A pesar de nuestras protestas, los tipos de Torre del Greco estaban decididos a quedarse, "solo será una hora", nos aseguraron, y lo pasaremos bien.

Entramos en el primer bar que encontramos, donde pedimos cerveza, eligiendo cuidadosamente una mesa que nos permitiera tener una vista clara de todo el local y cerca de la salida. Esta pequeña precaución resultó reveladora cuando, media hora después de nuestra llegada, un grupo de marroquíes se acercó a nuestra mesa. No entendí bien lo qué nos dijeron, hablaban una mezcla de italiano y francés. Supongo que querían vendernos algo, probablemente hachís. Ante nuestras negativas, se volvían más insistentes, haciendo como que no entendían y acercándose cada vez más al pequeño grupo de mesas. Pronto, su insistencia se convirtió en auténtico acoso: exigían nuestro dinero, con o sin intercambio de drogas.

Miré a mi alrededor. Cinco personas estaban de pie alrededor de nuestra mesa y cuatro cerca de la puerta. Éramos cuatro contra nueve. Ni Bernardo ni yo teníamos un centavo, y dudo que los tipos de Torre del Greco tuvieran, después de los quince minutos que habían pasado con su "agradable compañía", tuvieran dinero. Sin embargo, no nos terminaban de creer y estaban dispuestos a pegarnos para ver si era verdad. Me preparé para lo peor y para luchar por mi vida cuando, de repente, uno de los tipos de Torre del Greco se puso de pie sacando un largo cuchillo de cocina de debajo de su camisa. Al levantarse, tiró la mesa y las cervezas. Tenía los ojos en órbita y, gesticulando furiosamente, maldecía a nuestros atacantes en un napolitano tan cerrado que no entendí una sola palabra de lo que decía. Nos dimos cuenta de inmediato de que esa era nuestra oportunidad, la única oportunidad, de salir del lugar sin daños. Escoltados por el cuchillo, salimos rápidamente por la puerta y desde allí corrimos sin mirar atrás hasta que volvimos al bazar.

Años después, recuerdo esa absurda experiencia y entiendo cómo ese riesgo inútil para nuestra seguridad dependía de la profunda incomodidad diaria que vivíamos a bordo del barco.

Por supuesto, siempre hay personas que lo pasan mucho peor. Recuerdo una vez que atracamos en una localidad remota de Ghana para cargar una gran cantidad de enormes fardos de algodón. Un grupo de trabajadores africanos se ocupaba, sin descanso, de cargar esa mercancía extremadamente pesada en el barco. Ni siquiera tenían tiempo para ir al baño, tanto que se vieron obligados a evacuar sus necesidades sobre los fardos de algodón, que pasaron de ser completamente blancas a estar manchadas de orina y heces. Durante la fase de carga, uno de ellos se rompió la pierna. Sus colegas ni parpadearon: obligados a completar el trabajo en un tiempo record, continuaron trabajando sin parar hasta el atardecer. Durante todo ese tiempo, el pobre hombre seguía quejándose del dolor; solo después de cargar todo lo llevaron en una camilla y lo llevaron al pueblo donde llevaban una vida sin ningún tipo de existencias y donde difícilmente recibiría algún tipo de atención medica.

Después de ese agotador recorrido, al amanecer del sexto mes, el barco puso rumbo a casa. Antes de desembarcar en Italia, hicimos una parada en Marsella, donde el cocinero y el capitán, quizás porque estaban hartos del botín que habían acumulado durante la travesía, finalmente decidieron comprar suficientes provisiones. Mientras nos sentamos a cenar, mas calmados por el hecho de tener comida y pensando en el inminente regreso a casa, un marinero de Torre del Greco mostró claros signos de malestar físico. Tenía una fiebre intensa acompañada de escalofríos y sudaba mucho. En las horas siguientes, su condición empeoró rápidamente y el capitán decidió llevarlo al hospital, donde le diagnosticaron malaria. Creyéndose más astuto que los demás, no había tomado el malarone y ahora estaba sufriendo las consecuencias. El barco zarpó al día siguiente y nunca supe más de él.

IX – Gaeta Vice City[1]

De regreso en Gaeta cargado de regalos para Elena y los niños, y whisky y cigarrillos para mis cuñados, recuperé rápidamente mis fuerzas y una semana después ya estaba en Nápoles para solicitar mi ingreso en la policía militar. Gracias a mi experiencia laboral en la Seguridad Naval, conseguí el puesto fácilmente.

Lo primero que hice fue seguir un entrenamiento intensivo en la base de la OTAN en Nápoles con algunos instructores del FBI.[2] El entrenamiento incluía diferentes formas de llevar a cabo un arresto, el uso de las armas de dotación y entrenamiento correspondiente en el polígono militar, en resumen, todas las actividades necesarias para desempeñar el papel, muchas de las cuales ya conocía.

Al tener base en Gaeta, el comando me asignó al DET en Corso Italia, donde rápidamente hice amistad con mis nuevos colegas: un ex marine, John Henry, Silvano Galizia, y otras personas locales y estadounidenses. De hecho, la Policía Militar no estaba reservada solo para ciudadanos estadounidenses, sino que también se valía de personal local que, al menos en teoría, facilitaba las actividades coordinadas con las fuerzas del orden italianas. El trabajo se dividía

---

[1] Gaeta, ciudad del vicio.

[2] El Federal Bureau of Investigation (FBI), en español Oficina Federal de Investigación, es una agencia investigativa de la policía federal de los Estados Unidos de América. Tiene jurisdicción en todos los estados en lo que respecta a actividades antiterroristas y de inteligencia interna.

en turnos diurnos y nocturnos. Como policía militar estadounidense, estábamos obligados a intervenir en accidentes de tráfico, robos contra personas y viviendas, tráfico de drogas, embriaguez y comportamientos delictivos, en resumen, cualquier actividad ilegal contra ciudadanos estadounidenses o causada por ellos. Trabajábamos en estrecho contacto con los carabinieri y no pasaba un día sin que ocurriera algo: hasta mediados de los años 90, aún residían muchos estadounidenses en Gaeta debido a la base completamente operativa y nunca faltaban oportunidades para meterse en problemas. De todas las anécdotas alguna me impactó mas que otra.

En el invierno de 1993, participamos en una operación antidrogas. Desde hacía algún tiempo, investigábamos la creciente existencia de cocaína entre los militares estadounidenses, que en esa época había alcanzado niveles bastante alarmantes. Después de una redada en un club nocturno de Gaeta, logramos identificar a un marinero que, acorralado, admitió ser quien conseguía la droga de algunos traficantes de Fondi. Le ofrecimos una opción: si colaboraba con nosotros, recibiría una reducción de pena, de lo contrario… El chico aceptó encantado la oferta y, poniéndonos de acuerdo con los carabinieri, lo invitamos a organizar una reunión con los traficantes.

La reunión tuvo lugar por la noche en la gasolinera Agip de Itri, cerca del actual Bar dello Sport. En el momento de la entrega de la droga, al marinero se le ordenó lanzar el paquete al suelo. Al recibir esa señal, los policías salieron de su escondite, pistolas en mano, y gritaron el clásico "¡Manos arriba!". La operación fue un éxito y fue un excelente ejemplo de colaboración y éxito entre la policía militar estadounidense y las fuerzas del orden italianas.

Un día recibimos una llamada desesperada de una mujer estadounidense. La señora estaba convencida de que alguien intentaba entrar en su apartamento en Via Nino Bixio y, al estar sola, temía lo peor. En dos patrullas nos dirigimos de inmediato al lugar. Antes de entrar, examinamos cuidadosamente el perímetro de la vivienda en busca de caras o elementos sospechosos. Una vez que confirmamos la total ausencia de posibles ladrones, subimos al apartamento donde nos esperaba una sorpresa.

La señora, que fácilmente podría pesar alrededor de doscientos kilos, abrió la puerta vistiendo solo un cacho de ropa interior. No nos quiso creer cuando intentábamos tranquilizarla diciendo que no pasaba nada y dijo que seguiría llamándonos ante cualquier ruido sospechoso si alguno de nosotros no se quedaba a vigilar el apartamento. Un colega italiano decidió aceptar la el caso…

Decía que los accidentes de tráfico eran costumbre en nuestro trabajo. Además de los simples choques, lamentablemente no faltaban casos mucho más graves. En el verano de 1995, dos periodistas de la Marina estaban yendo de Nápoles hacia Gaeta para cubrir un evento. Iban a toda velocidad por la Flacca y no se dieron cuenta de que habían pasado la salida hacia Gaeta. Entonces, el que iba al volante tuvo la terrible idea de intentar dar un giro en "U", y terminó por chocar violentamente contra una moto que venía en dirección opuesta y a gran velocidad. El impacto fue devastador y, desafortunadamente, costó la vida a los dos italianos. La Marina, por supuesto, castigó a los periodistas por el incidente aunque este fuera resultado de una serie de errores por ambas partes.

Los gaetanos que hoy tienen treinta años o más recuerdan, con extraordinaria claridad de detalle, los problemáticos arrestos de marineros ebrios y pesados. De hecho, este tipo de operaciones era nuestro pan de cada día.

En una ocasión, respondimos a una llamada para ir al Club 8½ en Via Faustina, el único lugar que todavía hoy está reservado solo para miembros estadounidenses. Algunos marineros borrachos se estaban peleando causando disturbios dentro y fuera del club: en resumen, el día a día. Cuando llegué allí me dirigí directamente al corazón de la pelea cerca de las mesas de billar, abriéndome paso entre la multitud agitada de clientes. Fue entonces cuando un matón, aprovechando la confusión, intentó quitarme la Colt 45 de la funda, y lo habría conseguido si no hubiera puesto en práctica una lección simple pero valiosa de mi entrenamiento. Coloqué ambas manos sobre las suyas y me dejé caer con todo mi peso sobre su brazo, rompiéndoselo al instante. Una nota: en ese momento, la policía militar estadounidense tenía permiso para llevar armas de fuego, mientras que hoy en día se basa exclusivamente en porras que, al menos en los años en que estuve de servicio, servirían para aplacar incluso las peleas más feroces.

Vestido con el uniforme de la Policía Militar.

La jurisdicción de la policía militar está limitada a la base y a los ciudadanos estadounidenses; todo lo demás, por supuesto, está exclusivamente bajo la competencia de las fuerzas del orden italianas. Esta división, tan simple en la teoría, no dejó de causar problemas a lo largo de los años.

Como en el caso que hubo de un intento de violación: a la salida del local, un marinero borracho persiguió a una chica hasta su casa en Calegna, donde la joven logró defenderse y pedir ayuda. El marinero huyó de inmediato mientras su hermano llamaba a los carabinieri, quienes a su vez nos llamaron para que los ayudáramos a localizar al agresor. Después de buscar durante un rato en los locales de la vida nocturna estadounidense, identificamos al hombre en el Vick's.[3] A pesar de los rasguños en su rostro y las manchas de sangre en su camiseta, cuando llegamos lo encontramos tranquilo, esperando el sándwich que había pedido. Me enfrenté a él de inmediato y le ordené que saliera del local, donde lo esposé.

Justo en ese momento, los carabinieri llegaron con las sirenas encendidas y acompañados por la chica, aún conmocionada, y su hermano hecho una furia. Nosotros habíamos recibido la orden de llevar al marinero de vuelta al barco, mientras que los carabinieri tenían la orden de llevarlo a la comisaría. Ante esta situación surgió un conflicto bastante complicado. Los carabinieri comenzaron a amenazarnos, incluso llegaron a sacar sus pistolas. A pequeña escala, podría decirse que estábamos en riesgo de un incidente diplomático. Las cosas se estaban poniendo mal y, a pesar de que la jurisdicción decía lo contrario y sin saber cómo salir de ese impasse, quité las esposas al marinero y lo conduje hacia los carabinieri.

La justicia italiana de esos años permitió que al marinero se le aplicara una pena ridícula. Si nos hubieran permitido completar el arresto, la marina le habría impuesto una pena ejemplar.

Hubo otro episodio, del tipo que encanta a los medios, tuvo un motivo pasional. La esposa de un soldado estadounidense destacado en Latina, donde todavía hoy se encuentra la Naval-Military Telecommunications School[4], había comenzado una relación con un marinero estadounidense. Sus visitas constantes a Gaeta no pasaron desapercibidas para el marido, quien decidió seguirla… Era de noche cuando la encontró en la cama con el marinero, y de inmediato se enzarzaron en una pelea. Al intuir el peligro, la mujer no dudó un segundo en llamarnos: "Por favor, venid rápido o nos matará a los dos". Mientras nos dábamos prisa por llegar lo antes

---

[3] Histórico local en el Lungomare Caboto, justo después de la base, al igual que muchos otros locales "americanos", ha cambiado de nombre y gestión. Actualmente es la ubicación de un restaurante-pizzería.

[4] Escuela de Telecomunicaciones de la Marina y el Ejército.

posible, el marido logró neutralizar al amante a golpes y apuñalar a la mujer en el cuello. Cuando llegamos, la encontramos así, con el cuchillo todavía clavado en el cuello y completamente traumatizada por el dolor y el miedo. Llamamos rápidamente a los servicios de emergencia y, mientras esperábamos, nos aseguramos de que permaneciera completamente quieta, sujetándole la cabeza y los brazos. Milagrosamente, la mujer sobrevivió: los sanitarios nos dijeron que la hoja del cuchillo no había tocado ninguna parte vital.

Mientras tanto, después de cometer esa insensatez y convencido de haber matado a su esposa, el soldado subió al primer autobús que iba a Formia y desde allí cogió el tren hacia Latina. Obviamente, fue arrestado ese mismo día. Por suerte, el trabajo también tenía un lado "divertido", si sabías mirarlo desde la perspectiva adecuada. Un tipo solía llamarnos todos los días para preguntar en un inglés macarrónico: "¿Quieres Schweppes?". Para nosotros, esas llamadas se convirtieron en una rutina; en serio, si había algún día en que no llamaba, nos daban ganas de enviar a alguien de los nuestros a su casa para asegurarnos de que estuviera bien.

Otro individuo solía venir al DET al menos una vez a la semana para contarnos una historia, siempre era la misma: Se suponía que él había inventado la televisión y los estadounidenses le habían robado el proyecto. ¿Su deseo? Hablar con el Presidente de inmediato para solucionar ese asunto que le parecía lamentable. Me pregunto si, en un hipotético universo paralelo, otro yo hipotético habría logrado ponerlo en contacto con el Presidente de los Estados Unidos: ¿qué se habrían dicho el uno al otro?

Cuando estábamos de patrulla, Cianiello, una figura legendaria de Gaeta en los años 80 y 90, solía pedirnos que le diéramos una vuelta, lo cual lamentablemente estábamos obligados a negarle. A cambio, a menudo le ofrecíamos el desayuno. Él nos esperaba fuera del bar, invocando a Circe y maldiciendo a todos los cerdos de alrededor, tal vez refiriéndose a nuestros conciudadanos que no le permitían la entrada a sus locales. El teléfono móvil de juguete que siempre llevaba consigo mis hijos se lo vendieron por mil liras en la fiesta de la Madonna di Portosalvo. Desde ese día, Cianiello pudo comunicarse con Circe dondequiera que estuviera y sin tener que esperar su turno en la cabina telefónica. La historia de Cianiello era difícil de interpretar; algunos lo consideraban como alguien que se hacía pasar por loco, pero al final todo salió bien: las malas lenguas aseguran que volvió a reinventarse y que incluso se casó con una mujer del área de Frosinone, donde actualmente llevaría una vida completamente normal.

Hablando de la iniciativa empresarial de los niños: en Via Indipendenza y en Villa delle Sirene solían instalar pequeños puestos para vender juguetes usados, entre otras cosas. Stefano y Jason, junto con sus amigos, pescaban con caña, capturaban pulpos, recolectaban mejillones en el muelle de Piaja y erizos de mar, cuando aún estaban allí, cerca del muelle Agip. Con todo lo que recogían se utilizaba en casa para hacer salsa o para la sarten de tiella, o incluso se vendía a los restaurantes de Peschiera.

Durante la Navidad, Stefano, Jason y Francesco participaban activamente en las celebraciones tanto estadounidenses como italianas, cantando junto a los Boy Scouts estadounidenses[5] para los ancianos residentes en Annunziata y participando en Glie Sciusce. Yo les construí los instrumentos, una triccheballacche[6] y un tambor, mientras que la canción se la enseñó mi abuelo:

Nui simme glie pòvere pòvere e venimme da Casorie; Casorie e Messine simme glie pòvere pellegrine.
Nui simme glie pòvere pòvere e venimme da Casorie; Casorie e Messine simme glie pòvere pellegrine.
Casorie e Messine simme glie pòvere pellegrine.

---

[5] Gaeta fue la sede de la Troop 85 según la clasificación de los Boy Scouts of America.

[6] Instrumento tradicional del sur de Italia formado por tres pequeños martillos de madera entrelazados entre sí, que junto con el urzo y el tamburello, acompañan a las orquestas del sciuscio gaetano durante el último día del año. – Pro Loco Gaeta, http://www.prologogaeta.it/documenti.aspx?IDDoc=63 [acceso el 18 de diciembre de 2019].

Ogge è calanne, dimane è gli anne nuove, buoni e buon anne cu
nu buon principie d'anne.
Ogge è calanne, dimane è gli anne nuove, buoni e buon anne cu
nu buon principie d'anne.
Buoni e buon anne cu nu buon principie d'anne.

Ogge è San Servieste, dimane magnimme prieste, venimme da
luntane per purtà stu buon signale.
Ogge è San Servieste, dimane magnimme prieste, venimme da
luntane per purtà stu buon signale.
Venimme da luntane pe purtà stu buon signale.

Ohi Patrò (Se dice del nombre del dueño de la casa por la que pre-
guntan al principio),
dacce nu sciusce, annanze che s'ammosce dacce quatte fiche mosce.
Annanze che se secche dacce quatte pere secche.
Ohi patrò (nome) caccia gliu buttiglione che cu nu bicchiere
aprone s'è fenute gliu buttiglione[7].

El Domingo de Ramos, llevaban latas de spray plateado, con las
que pintaban las hojas de las ramas de olivo que luego envolvían en
los típicos ramos y vendían por toda la ciudad. Lo mismo ocurría en
el Día de la Mujer: ¡harían cualquier cosa con tal de comprar cómics
y jugar a los videojuegos! Hablando de salas de juegos: en Gaeta
había varias en funcionamiento, recuerdo la de Walt, el "Chino",
en Corso Cavour[8], y otra en Calegna, junto al Bar La Mela. En la de
Walt no se toleraban trifulcas o peleas que, sin embargo, eran algo
típico en otras salas de juegos. Todas, por supuesto, cerraron cuando
las videoconsolas domésticas cada vez más sofisticadas llegaron a las
casas, relegando los juegos arcade[9] a la categoría de vintage.

---

[7] Ibid.

[8] Walt también fue el DJ del Red Light durante un cierto período.

[9] Videojuego de fichas, de bar [Diccionario italiano Garzanti].

X – Conclusiones

La Gaeta descrita en este libro también se ha vuelto vintage. A finales de los años 90, comenzaron a circular rumores contradictorios sobre la disminución de la base hacia su posible cierre. Estos rumores se confirmaron a principios de los años 2000. Cuando cerró la Escuela Americana y, sobre todo, cerró la base en Monte Orlando, donde se habían trasladado el DET, el tráfico de drogas y varias oficinas, incluida la destinada a emitir pasaportes al personal militar y sus familias. Cuando cerraron la base de Monte Orlando, para la cual, apenas un par de años antes y no sin suscitara alguna que otra controversia, se construyó la empinada carretera que aún conduce a la antigua imprenta militar, los estadounidenses informaron al propietario de la instalación, el Ministerio de Defensa, que la dejaron intacta para su uso y con el suministro de agua, gas y electricidad aún activos. Desafortunadamente, hasta el día de hoy, el complejo sigue vacío e inutilizado. Gracias a mi experiencia laboral, recibí una oferta de trabajo como subsheriff desde Estados Unidos. Una oferta tentadora, teniendo en cuenta que mi abuelo James Orvil Forbus había ocupado ese cargo y la importancia que suponía. Pero la idea de exponer a mi familia a una nueva mudanza y al estrés que inevitablemente conlleva, de sacar a los niños que ya eran adolescentes del pueblo en el que crecieron y donde tenían familia y amigos, junto con la natural reticencia de mi esposa hacia ese proyecto de vida, me convencieron para quedarme a este lado del charco.

Entrada a la antigua base estadounidense en Monte Orlando, diciembre de 2019.

La elección no fue fácil. Al igual que otros colegas, perdí mi trabajo en la policía militar y, profesionalmente hablando, pasé un período bastante difícil arreglándomelas como guardia de seguridad y trabajando en varios restaurantes a la vez en Gaeta. En uno de estos lugares, solíamos recibir la visita de algunos famosos: desde el diseñador Rodolfo Valentino y su tripulación con llamativos uniformes de marineros, que usaba el restaurante solo como punto de abastecimiento para su yate, hasta el actor Nino Manfredi, muy simpático, un auténtico caballero de los de antaño.

Aunque Elena también trabajaba, lo que ganábamos entre los dos no alcanzaba para cubrir los gastos familiares. Así que en abril de 2001, impulsado por la necesidad y cansado de trabajar en la cocina, fui a la Embajada Americana en Roma para preguntar por los puestos disponibles. Esto sucedió en una época en la que la Embajada aún no publicaba sus ofertas de trabajo en Internet. Mientras esperaba ser recibido por alguien del Departamento de Recursos Humanos, vi pasar un rostro familiar: era Tom Bocanelli, colega y amigo de los tiempos en que trabajaba en Fiumicino. Tom me recibió con gran afecto y quedamos para tomar un café, donde hablamos de los viejos tiempos y de cómo iban las cosas. Le dije que estaba buscando trabajo y Tom, poniéndose serio de repente, me dijo que mi visita ese día era una señal del destino. Tom era *Post Master1* en la *Armed Forces Post Office*[2] (APO).

Con el gran actor Nino Manfredi.

Coincidió que en ese momento su oficina estaba buscando desesperadamente a un empleado con experiencia y con la necesaria *top security clearance*[3] para recibir y distribuir el correo diplomático. Presenté mi solicitud de inmediato y, después de pasar la entrevista, conseguí el puesto.

---

[1] Director de la Oficina de Correos.

[2] Oficina de correos de las fuerzas armadas.

[3] Permiso de seguridad.

De izquierda a derecha: Tom Bocanelli, Hollis Forbus, Myles Carey, el Embajador Mel Sembler, Massimo Battarelli, Massimo Terrinoni, Patrick Davis.

Durante estos veinte años en la embajada, casi todo fueron satisfacciones, los reconocimientos, los viajes de trabajo, los colegas que vinieron y se fueron. Ahora, que estoy a punto de jubilarme, miro hacia atrás y pienso en todos los viajes, experiencias y personas que he conocido en mi vida. Ha habido momentos felices y otros difíciles, pero, independientemente de todo, siempre he vivido al máximo de mis posibilidades y manteniendo ese sentido de respeto y dignidad con el que fui educado.

Lista de patrocinadores

La lista que se presenta a continuación, lejos de ser exhaustiva respecto a los miles de militares estadounidenses y sus familias que han servido en Gaeta a lo largo de más de medio siglo, pretende rendir homenaje a aquellos que conservan recuerdos felices y memorables de su tiempo en Italia y que, en los grupos de Facebook *Gaeta, Italy, "Been there, done that"* y *USS Albany (CG-10)*, han mostrado su interés por la publicación de este libro.

Diario de bitácora

Este cuaderno de bitácora no pretende ser exhaustivo. Los nombres que se enumeran a continuación han sido recopilados voluntaria y libremente por los interesados a través de los grupos de Facebook *Gaeta, Italy, "Been there, done that"* y *USS Albany (CG-10)*. Hemos reservado un espacio para que cada persona pueda añadir su nombre en caso de que no esté incluido.

Para muchos de ustedes, el tiempo que pasaron en la Marina de los Estados Unidos y especialmente en Gaeta fue un período realmente especial. Con este libro, esperamos haber evocado muchos recuerdos felices.

Acrónimos de la Marina de los Estados Unidos.
Es importante señalar que, si bien la mayoría de los acrónimos mencionados a continuación corresponden a la clasificación actual en uso en la Marina de los Estados Unidos, algunos de ellos han caído en desuso

BM – *Boatswain's mate*
BT – *Boiler Technician*
CAPT – *Captain*
Chaplain
CDR – Commander
CPO – *Chief Petty Officer*
CPOM – *Chief Petty Officer's Mess Specialist*

CS – *Culinary Specialist*
CTO – *Cryptologic Technician Communications*
C6F – *Commander 6th Fleet*
DK – *Disbursing Clerk*
DP – *Data Processor*
EMO – *Electronics Material Officer*
EN – *Enlisted*
ET – *Electronics Technician*
EW – Electronic Warfare
FC – *Fire Controlman*
FN – *Fireman*
FT – *Fire Control Technician, FTM (missiles), FTG (guns)*
GSM – *Gas Turbine Systems Technician* – Mechanic
HMCS – *Hospital Corpsman Senior Chief*
HT – *Hull Maintenance Technician*
IC – *Interior Communications Electrician*
IDC – *Independent Duty Corpsmen*
JO – *Journalist* (no longer in use)
LCDR – *Lieutenant Commander*
LCPO – *Leading Chief Petty Officer*
LS – *Logistics Specialist* (replaced PC and SK in 2009)
LT – *Lieutenant*
MA – *Master at Arms*
MCS – *Mess Management Specialist*
MM – *Machinist Mate*
MMC – *Machinist Mate Chief*
MR – *Machine Repairman*
MSCS – *Senior Chief Mess Management Specialist*
MU – *Musician*
MWR – *Morale, Welfare and Recreation*
OS – *Operation Specialist*
PAO – *Public Affairs Officer*
PC – *Postal Clerk*
PJ – *Navy Parachutist*
PH – *Photographers Mate*

QM – *Quartermaster*
RD – *Radarman*
RM – *Radioman*
SGT – *Sergeant*
SH – *Ship's Serviceman*
SK – *Storekeeper*
SN – *Seaman*
SW – *Surface Warfare*
USMC – *US Marine Corps*
YN – *Yeoman*

USS Little Rock CLG-4

- CS/SN Albert J. Memoli, 1967-68
- SM3 Alfred Abramowski, 1968-70
- MS3 Bill Plouffe, 1974-1976
- OS3 Bill Ryan, 1969-71
- SK1 Chuck Murray, also served on the USS Albany CG-10, 1975-79
- FTM3-2 Clifford Jones, 1967-69
- RD3, OI and Duty Driver Bruce A. Bowmer, 1969-72
- Butch "Skee" Siehl, OL Division, 1967-69
- FTM2 Clark Stone, also served on the USS Albany CG-10, 1976-79
- CAPT Curtis Sorenson, 1970-72
- SN Dana Collins 1st Division. 1974-76
- FTM3 Daniel Cobb, 1975
- FTM3 Daniel Z. Cobb, 1973-75
- SHSN Danny Pender, 1976-77
- ETN3 Denny Schey, 1975-76 (also served on USS Albany as ETN2, 1976-78)
- MM3 David Sanders, 1967-68
- MM3/M-Div Donald Piper, 1973-75
- YN3 Donald "Don" Perryman, 1976-76 and USS Albany (CG-10) from 1976-78, YN2-YN1 on USS Puget Sound

(AD-38) from 1982-84. Served as Commander Sixth Fleet (Fleet Schedules Office and Public Affairs Office).

- RM2 Douglas Joe Guy 1974-76
- OS Ed Dyer, 1975-78
- ADJ3 Edward Sweat, 1973-74
- MSC Emmanuel Inocencio (also served on USS Springfield CLG-7), 1973-76
- PH3 and Admiral's Driver Frank De Santis (also served on USS Albany CG-10), 1975-79
- RM/SN Frederick Cook II, 1967-68
- MM3 Gibson Lepper 1967-68 A div Evaps
- HT2 Gil Leach, 1974-74
- RM3, Gregory J. Curran, 1976-77
- BMSN Greg Oien, 1967-68
- FTG/SN Hank Henning, G Division (also served on USS Springfield CLG-7)
- MMC (SW) James E. Starkey, 1965-69, also served on USS Puget Sound AD-38 from 1980-85 and NSA Gaeta Security 1994-2011
- MU (Trombone) James Gentry Stanfield, 1971-74 (also served on USS Springfield CLG-7)
- E4 Jerry Johnson, 1965-67
- FTG2 John Wolfe, 1971-74
- YN3 N5 Fleet Communications and N1 Fleet Admin Ken Taranto (USS Little Rock and USS Albany) 1975-79
- YN3 (Chaplain's Yeoman and Captain's Office) Kenneth Mutzabaugh, 1970-72
- SK3 Kenneth Plain 1968-1972
- BM Kenneth Thomas, 1967-68
- OS3 Kevin Armstrong, 1974-75
- HTFN Mike Childs, 1973-74
- BM2 Peter J. (Mick) Mullin III Capt. Gig and ComSixthFlt Chief of Staff Coxswain CLG-7 & CLG-4, 1967-1970
- SN Raymond Lupoli 2nd division went on to become DT3, 1969-71

- PO2 (E5) Robert L. Reed, 6th Flt Intel
- Bridge/Lee/After steering Helmsman, Romeo Alimbuyao 1973-75
- MM Ronald L. Morley, 1972-73: painted the Popeye faces on the inlet Valves on all 4 SST Generators
- QM2 Ron Berardino, Navigation Div, 1968-70
- CPOM Rowell Legaspi, also served on USS Albany CG-10, USS Puget Sound AD-38, USS Belknap CG-26 and under the Supreme Allied Commander Atlantic, the Commander of VI Fleet Gaeta, Shore Duty to Admiral Owens Quarters in Gaeta, 1970-93
- FTM1/FM/WCS Stephen E. Yoder, 1965-1971
- FTG2 Thomas Hurt, 1969-71
- Wayne Lessing, 1974
- RD3 William Baird, 1967-69
- QM3 William Ferring, 1966
- OS1 Winston Thomas, 1974-75

Not in the list? Include your name here:

USS Springfield CLG-7

- IC/FN Edward Gbur, 1972-73
- ICFN Kimmith Delafosse, 1971-73
- Randal Watts, Marine Detachment, 1970-73
- Ray Cochenour, Boat division, 1970-73
- PO2 (E5) Robert L. Reed, 6th Flt Intel
- GMM3 Thomas Martin, 1972-73

Not in the list? Include your name here:

USS Albany CG-10

- FTG3 Jessee Allen 1977-79 (also served as FCCS on the USS Belknap CG-26, 1985-90)
- FTM3 Al Crain, 1976-78
- RM2 Andrew Paulson, 1978-80
- QM1 Anthony Bybel, also served on the USS Puget Sound AD-38, 1979-86
- L/CPL USMC Brent Stelzel, 1977-78
- BM E-7 Brian Barnes, also served on the USS Puget Sound AD-38 and USS La Salle AGF-3, 1976-86
- HT Chris Bennet, also served on the USS Puget Sound AD-38, 1979-82
- SK1 Chuck Murray, also served on the USS Little Rock CLG-4, 1975-79
- Dan Dunn, 1979-80
- FTM3 Dana Robinson, 1976-78
- RM Darrell Stobaugh, 1977-79
- GMTSN Dave Berovic, 1976-78
- LI3 Dave Eberhart, 1978-80
- MMFN David Crook 1978-80
- FTM2 Dean Dodd 1976-1978
- BTFN Dion Mulcahy, 1977-79
- EN2 Dirk Scott, A Division, 1976-80
- SH Donald Messersmith, 1976-78
- OS Ed Dyer, 1975-78
- FN/MM3 Frank DeTura, 1976-78
- IC3 George Hawkins, 1977
- LT/EW Off Greg Oien, 1977-1978
- RM3, Gregory J. Curran, 1976-77
- LCDR, Gregory Oien and spouse Kay Oien who worked as a teacher at the J. Barney Elementary School, 1977-79
- EM1 Gregg Lockrey, E-Div, 1976-78
- QM2 Greg Schreck, 1978-80
- BT Jack Castle, 1973-77

- MS Jeffrey Bigelow, also served on USS Puget Sound AD-38, 1979-85
- OS3 Jeff "Jeep Stablein, OI Division, 1977-80
- FTM1 Jerry Avlonittis, 1976-78
- Joe Mustaca, "M" Division, 1976-79
- MM1 Joe Mustaca, 1977-80
- MM1 John Dydalowicz, BTC B Division, 1977-80
- BMC Kenneth L. Kersey 1976-79
- LI2 Mark G. Millman, Staff Lithographer, 1979-91
- HM3 Mark Ozanich, Medical Dept, 1977-79
- HT3 Marlon Kyle Mackey, 1978-80
- JO/SN Michael Thorn 76-77
- OS3 Mike Hanson, 1979-80
- Ricardo Aquino, A-Division, 1977-80
- BTC Rich Hamilton, 1976-80
- MM3 Robert K. Laired, M-Div, 1978
- PH2 Rollin Ryan, COMSIXTHFL Staff, 1977-79
- OS2 Ron Hernigle, 1977-79
- HT3 Roger W Martin 1975-78
- HM2 Steve Bassler, 1976-78
- FTMC Steven Shandrow, 1976-78
- FTM3 Sthephen Flanagan, 1976-77
- OS2 Warren Rooney, 1977-80
- L/CPL USMC William H. Wynes III, 1975-77

Not in the list? Include your name here:

USS Puget Sound AD-38

- PH3 Anthony N. Lanzillotta, R5 DIV photo lab, 1982-84
- OS2 Bob Blevins, 1981-84
- EM2/R6 Brent Rogers, 1985-87.

- HT1 (SW) Brian Di Giovine, 1985
- Brian Vertz, 1980-84
- BT3 Bruce Grkin, 1983-87
- SK2 Cathy Coon, 1981-83
- HT Chris Bennet, also served on the USS Albany CG-10, 1979-82
- HT2 Daniel Orbanus, R-1 Div, 1984-90
- HM1/HMC Dany Ryan 1976-83
- MM2 David B. Johnson, 1981-87
- EN2 David D. Sanders, 1981-83
- IC2 David Sibberson, 1982-85
- LT (A Div/Electrical Officer) Dennis Wierzbicki, 1980-83
- LCPL Doug Rupp MARDET 1980-82
- EM2/R3 Douglas Groh, 1980-82
- Elizabeth Luz Foard, 3rd DIV, 1981-83
- MLFN/ML3 Eric D. McIntosh, 1982-1984
- CTAC (SW) Ernie Griffin, 1981-84
- DK3 Genevieve Chmiel, S4 Division, 1983-85
- IC2 George Hawkins, 1981-84
- RM1 Glen Gochenour, 1983-86
- QM3 James Freeman, 1985-1990
- EM3 James Kearney Ship Band, 1981-85
- HT3 John Bowman, 1982-86
- ASROC John Brinkman, 3 Division
- MM2 John Roush, 1975-82
- HT2 Kevin L. Granderson, 1987-90
- YN3 Kevin Wright, COMSIXTHFLT Staff, 1985-87
- HT2 Lajos John Miho, 1979-83
- PN2 Latonia Stamper, 1984-88
- MSSN Lawrence Seil, 1983-85
- RM3 Marcus Mendes, 1984-86
- LI2 Mark G. Millman, Staff Lithographer, 1979-91
- HT3 Mark LaBello, R-Division, 1982-1985
- GSEC Matthew J. Lyczak III, 1984-88
- RM3 Michael Katzman (also served on USS Coronado

- AGF-11 and USS Belknap CG-26), 1985-87
- HT3 Michael Virgilio, 1980-82
- SK2 Michelle Dalton 1981-1984
- DK1(SW) Randy Huckstep, 1980-82
- RM2 Ray Meraz, CE Division TTY repair, 1982-1984
- BTC Rich Hamilton, 1980-84
- E7 Robert L. Reed, XO on special projects
- RM2 Scott Totman, 1980-83
- YNSN Stephanie Figueroa (Williams), 1982-84
- Stephen Cline, Marine Detachment, 1985-88
- HT CPO Stephen Klasing, 1982-85
- GMT2 Susan Foley, 1982-84
- MS3 Todd W. Ludwig, 1982-84
- HT2 Tony Farese, 1984-87
- TM3/ASROC Thomas Rouse, 1981-83
- HT2 Troy Stripp, 1983-88
- MR3 Ty Mishler, 1982-84
- SK3 Victor Tatum, 1984-87
- HT3 Wayne Rankin, 1984-88
- R4 William Johnson, 1980-83

Not in the list? Include your name here:

USS Coronado AGF-11

- RM2 Jim Mullins, 1985-89
- YN3 Kevin Wright, COMSIXTHFLT Staff, 1985-87
- Stephen Cline, Marine Detachment, 1985-88

Not in the list? Include your name here:

USS Belknap CG-26

- MCSC Benjamin M. Camat, 1986-88
- ET2 Bill Hornish, 1986-1989
- USMC Sgt. Charles A. Roop and dependent spouse Susan Roop, 1987-89
- YN2 Charles J. Swoboda, 1987-1989
- MM3 Charles Werba, 1987-89
- COMSIXTHFLT Staff YNC(AW) Charles "Chuck" Connor, C6F Det Chief / Flag Writer (Temp) / Pers Off, 1992-95
- DP1 Christopher Alwardt and spouse HM2 Marie J Alwardt (U.S. Naval Hospital in Naples), 1986-90
- C6F Christopher Alwardt, 1986-1990
- BT3 Chris Considder, 1987-91
- GMC Charles Rodgers 1985-87
- FC3 Clinton Brown, 1992-94
- FC1 Collin A. Fuller, 1986-89
- BM3 Craig A. Beins Jr., 1986-87
- DS1 Craig D. Eichholz and spouse Deborah King-Eichholz, 1987-91
- BT3/BT2 Daniel Holden, 1988-1990
- ET2 Dante Edward Swink, 1986-88
- LT David Desimone, 1991-93 and as CDR on USS La Salle AGF-3, 2000-03
- FC3 David Kotras, 1989-93
- CTO1 (SW/PJ) David Norman C6F, also served USS La Salle AGF-3, 1992-95
- BT3 David R. Alberts, 1987-90
- BMCS David R. Swafford 1986-89, spouse Shirley Swafford, children Paul & Brandi
- BT1 Dean A. Payne, 1989-92
- CS2 Doug Braden, 1988-93
- LCDR Earle S. Yerger, Chief Engineer, 1987-1989
- CG-26/Erik A. Leopard/YN3/1992-94
- IC1 George Hawkins, 1990-94

- FC2 Gerald "Jerry" Sullivan, USS Belknap CG-26, 1986-88
- FC2 Gerald Thompson, 1989-93
- EM2 Jack Maule, 1986-89 and spouse Mary Margaret Maule who used to work at the All Hands Club during the summer prior
- ET2 James A McCann, 1987-89
- QM3 James Freemann, 1992-94
- SK3 Jason Welther
- FC3 J.C. Watts II, 4th Division, 1991-94
- FC1 Jeff Disser, 1984-1988
- ET2, Jeff Klaas, 1988-1990
- QM3 Jeff Stuart, 1993-94
- DCFN Jeremy Baldwin 1992
- RM2 Jim Mullins, 1985-89
- BT2 John A. Brown Jr, 1989-92
- GMM3 John Rich, 1990-92
- SM John Sowers, 1st Division, 1990-93
- TM1 John Weeks, 1987-89
- Karl Cuneo, 1987-1991
- Kelly Thompson, Marine Detachment, 1987-89
- MR2 Ken Bolls, 1986-89
- FC3 Kevin Marc McIntyre, 1987-91
- YN3 Kevin Wright, COMSIXTHFLT Staff, 1985-87
- MM3 Manuel Torres, 1989-91
- BT3 Monty Williams, 1988-91
- SN Nathaniel Fisher, 1993-95
- LTig Orlando Gotay, M Division Officer, 1988-90
- BT3 Paul J. Harrington, 1986-88
- OS1(SW) Paul Porch, 1992-94 (Decommissioning)
- BT Chief Ray Berube, 1989-91
- GMG2 Randy Shonkwiler, 1986-1988
- LT/B-DivO/E-DivO Rich Colonna, 1987-90
- BTC Rich Hamilton, 1987-91
- BMC Ricky McDivitt, 1986-87
- ET3 Ricky Paul Gonzales, 1986-87

- FC3 Robert Kowalski, 1987-89
- Limited Duty Officer, Ship's EMO and Sixth Fleet EMO, Rodney E. Hollis, 1988-90
- BMSN Rodney Ford, 1986-89
- OS1 Scott David Musgrave, 1988-92 (son Joshua David Musgrave, born 1993)
- Stephen Cline, Marine Detachment, 1985-88
- OS3 Scot Elden, 1992-94
- MM3 Sean Deer, 1987-91
- FC2 Thomas Lewis,1986-88
- BT3 Tim Settlemyre, 1990-93
- ET3 Todd Wright, 1991-95
- BT1 Vincent Bonderczuk, 1990-93
- William E Greene, also served on USS LaSalle AGF-3 and NSA Gaeta, 1988-92
- LT Winston Thomas, 1988-91
- PC3 Richard Vargas, 1981-90

Not in the list? Include your name here:

USS La Salle AGF-3

- SH2 Allen C. McDougall, 1994-97
- PAO Cate Mueller, 2003-05
- CMDCM (SW) Dan Hatch, 2002-2005
- YN3 Danielle Muldoon, 1996-99
- BTC Dean A. Payne, 1994-97
- YNC(SW) Elois Alder, Admin LCPO, 2000-03
- OS2 Class Jacqueline Perreault-Boswell, 1997-2000
- PC3 Jennifer Washington, 2003-07
- HMCS/IDC Joel Klimek, 1997-99
- MWR Director John Stadler, 1995-2000
- PH3 Maccabee Memmen, 1994-97

- CDR Maureen T Kennedy, 2001-2004
- IT3 Matthew Davis, 2000-03
- OS2 Class Michael W. Carter, 1996-99
- MM3 Quincy Heard, 2000-04
- EW/CS (SW) Thomas Albanese, 1999-2002

Not in the list? Include your name here:

Naval Support Activity (NSA) Gaeta

- MMC (SW) Armando A. Mangaya, NSA Gaeta Port Services, 1992-95
- YNC Beverly Loan, NSA Gaeta Admin, 2004-07
- MAC (SW/AW) Christie Peirsel, NSA Security Dept Watch Commander, 2005-07
- LT Christopher Haynie, NSA Gaeta Security Department, 2002-05
- YN2 Daniel Bowen, NSA Gaeta Admin Leading Petty Officer, 1998-2001 (also served on USS La Salle AFG-3 AS YN1(SW) Admin Leading Petty Officer from 2001-03)
- GSM1 Jeff Tabery, 2001-03
- PC3 Jennifer Washington, NSA Gaeta Support Command, 2003-07
- Jerry Capezio, Barber Shop/Beauty Salon Gaeta 1984-Present
- Kimberly Gibbs Musgrave, Intercultural relationship specialist/FSC and NADSAP facilitator/University of Arizona, 1988-92
- BM3 Mary Kay Ison, NSA Det Security, 1989-91
- E5 Security Guard Michele Pistone 1999-2002, then subcontractor with the US Navy in Gaeta until 2010
- MA2 Nicci Heard, NSA Gaeta Security Department, 2001-04
- EW1 Roy Slate, NSA Gaeta Security, 1998-2002 (also served

on USS La Salle AGF-3 from 2002-05) and spouse Alice Slate, Family Support Center, 2002-05
* MA2 Sereyna Moore, 2000-04
* Sherry Taylor (formerly Stadler), NSA Gaeta Ombudsmen, 1997-2000
* SK2 Stephanie Skibicki, NSA Gaeta Port Ops, 2004-06
* MM3 Steven Cain, NSA Gaeta Security, 1996-98

Not in the list? Include your name here:

USS Mount Whitney LCC-20

* LT Chaplain, Doug Mccormick, 2006-09
* IC2 Harrison Greenberg, 2010-13
* FT2 Michael Kujawa

Not in the list? Include your name here:

Lista de negocios locales

A continuación se enumera una lista de negocios gestionados por residentes y que tenían principalmente clientes estadounidenses.

Hermes
Via G. Buonomo 41
Fundado en 1968 por Ermes y sus hijos Claudio y Ernesto, todavía hoy es uno de los bares más populares entre los marineros estadounidenses. Y lo sigue regentando la misma familia.

Hotel Flamingo
Corso Italia 109
Abierto desde mayo de 1972 hasta diciembre de 2018.
Fundador socio Vincenzo Reale junto con sus hermanos. Vincenzo Reale y sus hijos Anthony y Carmen permanecieron en esta sociedad hasta diciembre de 2007. El Hotel Flamingo fue el primer hotel en Gaeta con una piscina, diseñado especialmente para clientes de la Marina de los Estados Unidos. En la terraza y en el comedor se organizaban banquetes para militares estadounidenses, el más importante de los cuales fue el cambio de mando del Capitán Rowden en julio de 1984. Además de las numerosas familias de la Marina de los Estados Unidos, recordamos, en el período entre 1996 y 2001, la presencia continua y repetida del equipo Tiger de Norfolk Naval Shipyard. Un visitante frecuente del Hotel Flamingo era el almirante Abbott, uno de los patrocinadores de la asociación Capodanno.

La Bottega dell'Olandese, actualmente *The Dutch*
Via Indipendenza 24
Fundada en 1980 por Yvonne y Rino, inicialmente era una tienda de comestibles. Desde 1994 se convirtió en un pub, uno de los más frecuentados por los marineros estadounidenses. Es dirigido por el hijo de los fundadores, Maurizio Di Maccio.

Pensione Rock Garden
Via Torino 14
Abierto en junio de 1967 por Mina y Vincenzo Reale, padres de los actuales propietarios, Anthony y Carmen. En los inicios, el edificio tenía solo diez habitaciones. En 1968, el restaurante se creó en una sala de abajo mucho más grande que la anterior y se inauguró con una fiesta de suboficiales. La sala sirvió como restaurante hasta 2004, cuando se convirtió en sala de desayunos. A lo largo de los años, el restaurante se benefició enormemente de la presencia de la Marina de los Estados Unidos: desde los antiguos huéspedes del hotel que mientras tanto se habían mudado a su propia casa y no dejaban de visitar el lugar, hasta 1990, por los empleados del vecino NSA DET en Corso Italia. También en 1968, se adquirió un apartamento en el edificio y se llegó a un total de 15 habitaciones, todas con baño privado. En Rock Garden se alojaron muchas familias que llegaban (TLA) o partían, muchos contratistas estadounidenses que venían a trabajar en los barcos estadounidenses, incluyendo Mi tech, Tiger team Norfolk Naval shipyard e Inspectores. El momento que más exito tuvo fue entre diciembre de 2001 y enero de 2003, cuando el hotel estaba completamente reservado por la Reserva de la Marina de los Estados Unidos. Recordamos con mucho cariño a nuestro primer cliente desde el principio, CMR Bill King, seguido por las familias de CMR Sourbeer, Thorpe y Paulis.

Otros negocios locales...
El actual Cycas se llamaba Cambusa y tenía muchos clientes estadounidenses.
Junto al DET en Corso Italia había un salón de belleza muy popu-

lar entre las esposas de los oficiales estadounidenses. Junto al salón de belleza, había una agencia inmobiliaria gestionada por Claudio Filosa, que fue el primero en la ciudad en organizar mudanzas para las familias estadounidenses.

El actual cuartel de bomberos en la Piaja era un campo de softball. En Itri, en el camino hacia la Civita, había otro parque recreativo llamado Itri Park.

En la foto, de izquierda a derecha: Antonio "Tonino" Sinopoli,
Rosa Sinopoli, Daniela Annunziata, Bernardo Sinopoli, Elena
Sinopoli y, a la derecha, un niño desconocido.

"Sucedió el 7 de enero de 1973. Recientemente había comprado una Miranda
Sensorex con los atrasos que me debían y que recibí de la Marina por un
ascenso de rango, y me divertía paseando por Via Indipendenza en busca
de algún rincón pintoresco para fotografiar. De repente, me encontré con
esta escena cerca de SS. Cosma e Damiano vecchia. Capturé el momento
de inmediato, sin prepararme demasiado, y titulé la foto *Niños del viejo
barrio*. En esa época era muy duro conmigo mismo, pero con el paso de
los años debo admitir que la foto tiene su encanto." – Carlo Di Nitto

Mi esposa Elena siempre cuenta: "Estábamos en el callejón de nuestra casa y yo,
que tenía 11 años en ese momento, estaba cuidando a los niños. Tenía miedo
de que alguien pudiera llevárselos, de ahí mi expresión un poco perpleja".

El Vic's Bar recién construido, 1973. Archivo
fotográfico de Carlo y Adriano Di Nitto.

El USS Albany CG-10 en Gaeta, 1979. Archivo fotográfico de Alfredo Langella.

En misión en... Barcelona.

El USS Albany CG-10 navegando.

Cargando el correo en el USS Puget Sound bajo la lluvia.

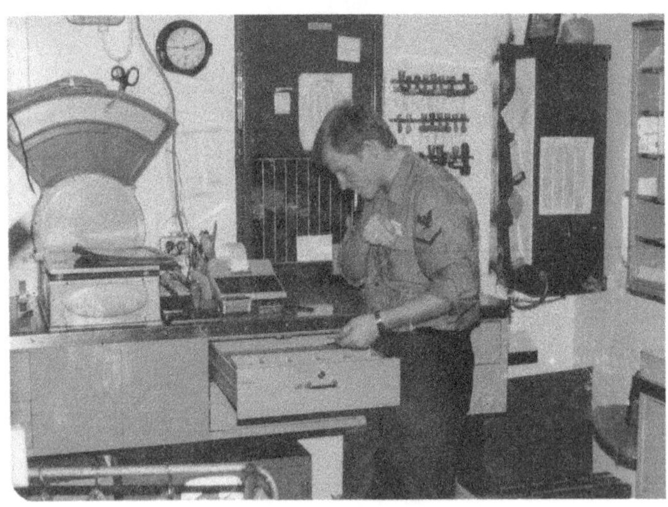

En la oficina postal del USS Puget Sound.

Un recuerdo feliz a bordo del barco Caiattas.

Haciendo de mesero en el Albany con dos amigos.

El Golden Key, luego conocido como Papillon, actualmente Rude.
Archivo de Carlo y Adriano Di Nitto, agosto de 1972.

Otra foto del USS Albany y mi tarjeta de calificación de control de daños.

Soy ascendido a Third Class Petty Officer por el Comandante
del USS Puget Sound, el Capitán George Stewart.

En navegación en el USS Belknap, 1988.

Con mi hijo Stefano a bordo del USS Belknap CG-26, 1988.

Con mi hijo Francesco en los escalones de la Salita degli Scalzi, 1990.

En 1991, desde la izquierda: Jason, Francesco y
Stefano con el USS Belknap al fondo.

Domingo de Ramos de 1991, de izquierda a derecha:
Jason, Francesco, Stefano y Elena.

Palazzo Viola en Corso Italia, sede del DET durante muchos años. Fotografía de
https://www.usslittlerock.org/jb_history.html (acceso el 17 de agosto de 2020).

La discoteca Seven Up en Gianola, Formia

La escuela americana de reciente construcción. El parque infantil y la cancha de baloncesto aún no habían sido construidos, ni tampoco la carretera que, subiendo por la colina, lleva a la futura Escuela Primaria Don Bosco. En la imagen se pueden observar los campos cultivados alrededor del edificio. Fotografía de https://www.usslittlerock.org/jb_history.html (acceso el 17 de agosto de 2020).

La escuela americana en Calegna unas horas antes de su demolición total. Foto de https://www.usslittlerock.org/ jb_history.html (acceso el 17 de agosto de 2020).

La cancha de baloncesto de la escuela americana tal como se veía en diciembre de 2019. Detrás de ella se encontraba una amplia área de juegos, un lugar de muchos recuerdos memorables para los niños que crecieron en Gaeta en las décadas de 1980 y 1990. Foto de Jason R. Forbus.

Vista satelital del parque Olde Mill Inn. En la parte superior y al centro de la imagen se observa la cancha de tenis, equipada con iluminación para permitir actividades nocturnas; en la parte inferior, el campo de softball y al fondo otro campo de césped inglés donde la Troop 85 de los Boy Scouts solía organizar campamentos de entrenamiento, o donde, aprovechando una terraza con césped, donde durante el verano se colocaban largas láminas de plástico creando toboganes de agua improvisados para la diversión de los niños; a la derecha del campo de softball hay una cancha de vóley playa y, más a la derecha, juegos infantiles y otros juegos típicos de la tradición estadounidense, como el lanzamiento de herraduras a un poste metálico; más arriba, un área de barbacoa completamente equipada y varias estructuras cerradas o cubiertas, incluida una ocupada por el Morale, Welfare, and Recreation (MWR) Navy Fleet Recreation Center para actividades de snack bar y servicios turísticos y recreativos.

Indice

www.ingramcontent.com/pod-product-compliance
Lightning Source LLC
Chambersburg PA
CBHW041559160726
48006CB00042B/2156